Sie nennen ihn nur noch den Mordhof, den einsam gelegenen Hof der Danners in Tannöd. Eine ganze Familie wurde in einer Nacht ausgelöscht, mit der Spitzhacke erschlagen. Gemocht hat sie kaum jemand, mürrische, geizige Leute waren sie, und den ein oder anderen hat der alte Bauer wohl auch übers Ohr gehauen. Aber selbst die Kinder wurden grausam ermordet, und so geht die Angst um im Dorf, denn vom Mörder fehlt jede Spur. Diese Spur muss der Leser aufnehmen. Die spannende Unruhe, die einen bis zum Ende nicht verlässt, löst sich erst auf, wenn das Mosaik komplett ist.

Andrea Maria Schenkel lebt mit ihrer Familie in der Nähe von Regensburg. »Tannöd« ist ihr Debüt, für das sie 2007 den Deutschen Krimi-Preis, den Friedrich-Glauser-Preis sowie die Corine erhielt. 2008 erhielt die schwedische Ausgabe den Martin Beck Award. »Tannöd« wurde in 20 Sprachen übersetzt, als Hörspiel und Hörbuch, Theaterstück sowie als Kinofilm (mit Monica Bleibtreu) bearbeitet. Ihr zweiter Roman »Kalteis« erhielt den Deutschen Krimi-Preis 2008. Als dritter Roman erschien 2009 »Bunker«.

ANDREA MARIA SCHENKEL

TANNÖD

ROMAN

EDITION NAUTILUS

Edition Nautilus
Verlag Lutz Schulenburg
Schützenstraße 49 a
D - 22761 Hamburg
www.edition-nautilus.de
Alle Rechte vorbehalten
© Lutz Schulenburg 2005
Lektorat: UNGER-KUNZ,
Lektorat und Redaktions-
büro, Undorf.
Umschlaggestaltung:
Maja Bechert,
www.majabechert.de
Autorenporträt Seite 2:
© Classic Foto Regensburg
Die im Buch abgedruckte
»Litanei zum Troste der
armen Seelen (zum
Privatgebrauch)« ist
entnommen aus:
»Myrtenkranz! Ein
geistlicher Brautführer
und Andachtsbuch
für die christliche Frau«,
Kevelaer 1922
Originalveröffentlichung
Erstausgabe Januar 2006
Druck und Bindung:
Fuldaer Verlagsanstalt
1. Auflage August 2009
ISBN 978-3-89401-608-1

I

Den ersten Sommer nach Kriegsende verbrachte ich bei entfernten Verwandten auf dem Land.

In jenen Wochen erschien mir dieses Dorf als eine Insel des Friedens. Einer der letzten heil gebliebenen Orte nach dem großen Sturm, den wir soeben überstanden hatten.

Jahre später, das Leben hatte sich wieder normalisiert und jener Sommer war nur noch eine glückliche Erinnerung, las ich von eben jenem Dorf in der Zeitung.

Mein Dorf war zum »Morddorf« geworden und die Tat ließ mir keine Ruhe mehr.

Mit gemischten Gefühlen bin ich in das Dorf gefahren.

Die, die ich dort traf, wollten mir von dem Verbrechen erzählen.

Reden mit einem Fremden und doch Vertrauten. Einem der nicht blieb, der zuhören und wieder gehen würde.

Herr, erbarme Dich unser!
Christus, erbarme Dich unser!
Herr, erbarme Dich unser!
Christus, höre uns!
Christus, erhöre uns!
Gott Vater vom Himmel, erbarme Dich ihrer!
Gott Sohn, Erlöser der Welt, erbarme Dich ihrer!
Gott Heiliger Geist, erbarme Dich ihrer!
Heilige Dreifaltigkeit, ein einiger Gott, erbarme Dich ihrer!

Heilige Maria, bitte für sie!
Heilige Gottesgebärerin, bitte für sie!
Heilige Jungfrau aller Jungfrauen, bitte für sie!

Heiliger Michael,
bitte für sie!
Alle heiligen Engel und Erzengel,
Alle heiligen Chöre der seligen Geister,
Heiliger Johannes der Täufer,
bittet für sie!
Heiliger Josef,
bitte für sie!

Alle heiligen Patriarchen und Propheten,
Heiliger Petrus,
Heiliger Paulus,
Heiliger Johannes,
bittet für sie!

Alle heiligen Apostel und Evangelisten,
Heiliger Stefanus,
Heiliger Laurentius,
bittet für sie!

Alle heiligen Märtyrer,
Heiliger Gregorius,
Heiliger Ambrosius,
bittet für sie!

Heiliger Hieronymus,
Heiliger Augustinus,
bittet für sie!

Alle heiligen Bischöfe und Bekenner,
Alle heiligen Kirchenlehrer,
Alle heiligen Priester und Leviten,
Alle heiligen Mönche und Einsiedler,
bittet für sie!

Am frühen Morgen, vor Tagesanbruch, betritt er den Raum. Mit dem Holz, das er von draußen hereingebracht hat, heizt er den großen Herd in der Küche an, befüllt den Dämpfer mit Kartoffeln und Wasser, stellt den gefüllten Kartoffeldämpfer auf die Herdplatte.

Von der Küche aus geht er, den langen fensterlosen Gang entlang, hinüber in den Stall. Die Kühe müssen zweimal am Tag gefüttert und gemolken werden. Sie stehen in einer Reihe. Eine neben der anderen.

Er spricht mit gedämpfter Stimme auf sie ein. Er hat es sich zur Gewohnheit gemacht, während der Arbeit im Stall immer mit den Tieren zu sprechen. Vom Klang seiner Stimme scheint eine beruhigende Wirkung auf die Tiere auszugehen. Ihre Unruhe scheint durch den monotonen Singsang der Stimme, durch die Gleichförmigkeit der Worte zu schwinden. Der ruhige, einförmige Klang löst ihre Spannung. Er kennt diese Arbeit schon sein ganzes Leben. Sie macht ihm Freude.

Er streut neues Stroh auf die alte Unterlage auf. Das Stroh dafür holt er aus dem angrenzenden Stadel. Es verbreitet im Stall einen angenehmen, vertrauten Geruch. Kühe riechen anders als Schweine. Ihr Geruch hat nichts Aufdringliches, nichts Scharfes an sich.

Danach holt er das Heu. Er holt es auch aus dem Stadel.

Die Verbindungstür zwischen Stadel und Stall lässt er offen.

Während die Tiere fressen, melkt er sie. Davor ist ihm etwas bange. Die Tiere sind es nicht gewöhnt, von ihm gemolken zu werden. Doch seine Befürchtungen, dass das eine oder andere Tier sich nicht von ihm melken lassen würde, waren umsonst gewesen.

Die garen Kartoffeln riechen bis hinüber in den Stall. Es ist Zeit, die Schweine zu füttern. Er schüttet die Erdäpfel aus dem Dämpfer direkt in einen Eimer, dort werden sie gequetscht, bevor er sie zu den Schweinen in den Schweinestall bringt.

Die Schweine quieken, als er die Tür zu ihrem Verschlag öffnet. Er schüttet den Inhalt des Eimers in den Trog, dazu noch etwas Wasser.

Er hat seine Arbeit erledigt. Bevor er das Haus verlässt, achtet er darauf, dass das Feuer im Herd erloschen ist. Die Tür zwischen Stadel und Stall lässt er offen. Den Inhalt der Milchkanne schüttet er auf den Mist. Die Kanne stellt er wieder an ihren alten Platz zurück.

Am Abend würde er erneut in den Stall gehen. Er würde den Hund füttern, der sich bei seinem Kommen stets winselnd in die Ecke verkriecht. Er würde die Tiere versorgen. Dabei würde er stets darauf achten, um den Strohhaufen in der linken hinteren Ecke des Stadels einen Bogen zu machen.

Betty, 8 Jahre

Die Marianne und ich sitzen in der Schule nebeneinander. Sie ist meine beste Freundin. Deshalb sitzen wir ja auch beieinander.

Die Marianne mag die Rohrnudeln meiner Mama immer besonders gern. Wenn meine Mama welche macht, bringe ich ihr immer eine mit, in die Schule oder am Sonntag auch mit in die Kirche. Am letzten Sonntag habe ich ihr auch eine mitgebracht, aber die musste ich dann selbst essen, weil sie nicht in der Kirche war.

Was wir immer so gemeinsam machen? Was man halt so spielt, Räuber und Gendarm, Fangerles, Verstecken. Im Sommer ab und zu bei uns im Hof Verkaufen. Da richten wir uns am Gartenzaun zum Gemüsegarten einen kleinen Laden ein. Mama gibt mir dann immer eine Decke und wir können unsere Sachen darauf ausbreiten: Äpfel, Nüsse, Blumen, buntes Papier oder was wir halt so finden.

Einmal hatten wir sogar Kaugummi, den hat meine Tante mitgebracht. Der schmeckt prima nach Zimt. Meine Tante sagt, die Kinder in Amerika essen das immer. Meine Tante arbeitet nämlich bei den Amis und ab und zu bringt sie Kaugummi und Schokolade und Erdnussbutter mit. Oder Brot in so komischen grünen Dosen. Einmal im letzten Sommer sogar Eis.

Meine Mama ist davon nicht so begeistert, weil der Freund von der Tante Lisbeth ist nämlich auch aus Amerika und ganz schwarz.

Die Marianne sagt immer, ihr Papa ist auch in Amerika und er kommt sie ganz bestimmt bald holen. Aber das glaube ich nicht. Ab und zu schwindelt die Marianne nämlich ein bisschen. Mama sagt, das darf man nicht, und wenn die Marianne wieder eine ihrer Schwindelgeschichten erzählt, streiten wir. Meistens nimmt dann jeder seine Sachen aus dem Kaufladen weg und wir können nicht mehr weiterspielen und die Marianne läuft dann nach Hause. Nach ein paar Tagen verstehen wir uns dann wieder.

An Weihnachten habe ich eine Puppe vom Christkind bekommen und die Marianne war ganz neidisch. Sie hat nur eine ganz alte, die ist aus Holz und noch von ihrer Mutter. Da hat die Marianne wieder mit ihrer Geschichte angefangen. Ihr Papa kommt bald und nimmt sie mit nach Amerika. Ich habe ihr gesagt, ich bin nicht mehr ihre Freundin, wenn sie immer so viel lügt. Seitdem hat sie nichts mehr darüber erzählt.

Im Winter waren wir ab und zu beim Schlitten fahren auf der Wiese hinter unserem Hof. Das ist ein prima Schlittenberg, da kommen immer alle aus dem Dorf hin. Wenn man nicht rechtzeitig bremst, saust man unten in die Hecken. Dann gibt's zu Hause meistens Ärger. Marianne musste ab und zu ihren kleinen Bruder mitnehmen, zum Aufpassen. Der hängt einem dann immer am Rockzipfel. Ich habe ja keinen kleinen Bruder, nur eine große Schwester, aber das ist auch nicht immer schön. Die ärgert mich oft.

Wenn der kleine Bruder mal in den Schnee gefallen ist, hat er angefangen zu weinen und hat meistens auch noch in die Hose gepieselt und Marianne hat dann nach Hause gemusst und schlimmen Ärger bekommen. Weil sie nicht auf ihn aufgepasst hat und weil er wieder in die Hose gemacht hat und so weiter. Am nächsten Tag in der Schule war sie dann ganz traurig und hat mir erzählt, dass sie weg möchte, denn der Großvater ist so streng und die Mama von ihr auch.

Vor ein paar Tagen hat sie mir erzählt, dass der Zauberer wieder da ist. Sie hat ihn im Wald gesehen und der bringt sie bestimmt zu ihrem Papa. Ja, der Zauberer, hat sie gesagt. Diese Geschichte hat sie im Herbst schon einmal erzählt, gleich nach Schulanfang und ich habe ihr nicht geglaubt, den Zauberer gibt es nicht und Zauberer, die einem einen Papa herzaubern, der in Amerika sein soll, die gibt es erst recht nicht. Da habe ich mich wieder mit ihr gestritten und sie hat geweint und gesagt, den Zauberer gibt es und er hat lauter bunte Flaschen in seinem Rucksack und andere bunte Dinge und manchmal sitzt er einfach da und summt vor sich hin. Das muss doch ein Zauberer sein, so wie der aus unserem Lesebuch. Da habe ich gerufen »Lügnerin, Lügnerin« und sie ist weinend heimgelaufen. Und weil sie doch am Samstag nicht in der Schule war und sie doch die Rohrnudeln meiner Mama so gerne isst, habe ich ihr am Sonntag eine in die Kirche mitgebracht. Aber da war sie dann auch nicht. Mama hat gemeint, weil keiner von ihnen da war, die sind vielleicht auf Verwandtenbesuch. Drüben in Einhausen bei dem Bruder von ihrem Großvater. So habe ich halt die Nudeln selber gegessen.

Marianne liegt wach in ihrem Bett. Sie kann nicht einschlafen. Sie hört das Heulen des Windes. Wie die »wilde Jagd« rast er über den Hof. Die Großmutter hat ihr schon oft die Geschichten von der »wilden Jagd« und der »Trud« erzählt, immer in den langen, dunklen Rauhnächten zwischen Weihnachten und Neujahr.

»Die ›wilde Jagd‹ saust vom Wind getrieben dahin, so schnell wie die Wolken im Sturm, schneller noch. Sie sitzen auf Rössern, so schwarz wie der Teufel«, hat die Großmutter erzählt. »In schwarze Mäntel gehüllt. Kapuzen tief ins Gesicht gezogen. Die Augen glutrot, jagt sie dahin. Wenn einer so unvorsichtig ist, sich in einer solchen Nacht draußen herumzutreiben, packt ihn die ›wilde Jagd‹. Im Galopp«, hat die Großmutter gesagt. »Einfach so, schnapp!«
Dabei machte sie mit ihrer Hand eine Bewegung, als ob sie selbst etwas packen und wegwischen würde.
»Schnapp! Und sie heben den armen Teufel hoch in die Luft und reißen ihn mit sich fort. Fort, hoch hinauf zu den Wolken, in den Himmel empor reißen sie ihn. Er muss mit dem Sturm mitziehen. Sie lässt ihn nicht mehr los und johlt und lacht ganz höhnisch. Ho, ho, ho«, lachte da die Oma mit einer tiefen Stimme.
Marianne konnte es sich richtig vorstellen, wie die »wilde Jagd« einen packt, hochreißt und lacht.
»Oma, was passiert dann?«, fragte da die Marianne. »Kommt der denn nie mehr herunter?«
»Doch, doch«, antwortete die Großmutter. »Er kommt schon wieder herunter manchmal, manchmal nicht! Die ›wilde Jagd‹ schleift den armen Kerl mit sich, solange es ihr Spaß macht. Manchmal setzt sie ihn wieder ganz sachte ab, nachdem sie ihren Schabernack mit ihm getrieben hat. Manchmal. Aber

meistens wird der arme Kerl am anderen Morgen irgendwo gefunden mit zerschlagenen Gliedern. Der ganze Körper zerschunden, zerschlagen. Manch einer ist nimmer gesehen worden. Den hat die ›wilde Jagd‹ gleich beim Teufel abgeliefert.«

An die Geschichte von der »wilden Jagd« muss sie nun die ganze Zeit denken. Nie würde sie bei so einem Wetter das Haus verlassen. Die »wilde Jagd« soll sie nicht packen. Sie nicht!
Sie liegt lange wach. Wie lange, weiß sie nicht. Ihr kleiner Bruder liegt im gleichen Raum. Die Betten stehen so, dass sie fast Kopf an Kopf liegen. Sie in ihrem Bett und er in seinem Kinderbettchen.
Sie hört seinen Atem ruhig und gleichmäßig. So nah liegen sie beieinander. Er atmet ein und aus. Manchmal, wenn sie nicht schlafen kann, lauscht sie diesem Geräusch in der Nacht, versucht, sich seinem Atem anzupassen, atmet ein, wenn er einatmet, und atmet aus, wenn er ausatmet.
Manchmal hilft das, und sie wird auch müde und schläft selbst ein. Aber heute gelingt ihr das nicht. Sie liegt wach.
Soll sie ihr Bett verlassen? Der Großvater wird wieder fürchterlich schimpfen. Er mag es nicht, wenn sie in der Nacht aufsteht und nach der Mutter oder der Großmutter ruft.
»Du bist alt genug. Du kannst alleine schlafen«, sagt er dann und schickt sie wieder in ihr Bett zurück.
Unter der Tür schimmert ein Lichtstrahl durch. Schwach, aber sie sieht den Schein des Lichts wie einen schmalen Streifen.
Es ist also noch jemand wach. Die Mutter vielleicht? Oder die Großmutter?
Marianne nimmt ihren ganzen Mut zusammen, sie streckt ihre nackten Füße aus dem Bett. Es ist kalt im Zimmer. Sie schiebt die Bettdecke beiseite. Ganz sachte, damit der kleine Bruder nicht aufwacht, schleicht sie sich auf Zehenspitzen zur Tür. Vorsichtig, damit die Dielenbretter nicht knarren.
Langsam und behutsam drückt sie die Türklinke nach unten und

öffnet leise die Tür. Sie schleicht über den Gang hinüber in die Küche.

In der Küche brennt noch Licht. Sie setzt sich an das Fenster und blickt hinaus in die Nacht. Unheimlich ist ihr und sie fängt an zu frösteln in ihrem leichten Nachthemd.

Da bemerkt sie, dass die Tür zum Nebenraum noch ein Stück offen steht.

Die Mutter wird noch in den Stall gegangen sein, denkt sich Marianne. Sie öffnet die Tür zum Nebenraum ganz. Von dort gelangt man durch eine weitere Tür in den Gang, der zum Stall und in den Stadel führt.

Sie ruft nach ihrer Mutter. Nach ihrer Großmutter. Aber es kommt keine Antwort.

Das Mädchen geht durch den langen, düsteren Futtergang. Sie zögert, bleibt stehen. Ruft erneut nach ihrer Mutter, nach ihrer Großmutter. Diesmal etwas lauter. Wieder keine Antwort.

Im Stall sieht sie das Vieh angebunden, mit Ketten an den eisernen Ringen des Futterbarrens. Die Leiber der Kühe bewegen sich ruhig. Der Raum ist nur durch eine Petroleumlampe erleuchtet.

Am Ende des Futtergangs sieht Marianne, dass die Tür zum Stadel offen steht.

Ihre Mutter wird im Stadel sein. Sie ruft erneut nach der Mutter, wieder ohne Antwort.

Sie geht den Gang weiter entlang in Richtung Stadel. An der Tür bleibt sie erneut unschlüssig stehen. Keinen Laut vernimmt sie aus dem Dunkel. Sie atmet tief durch und geht hinein.

Heilige Maria Magdalena,
bitte für sie!
Heilige Katharina,
bitte für sie!
Heilige Barbara,
bitte für sie!

Alle heiligen Jungfrauen und Witwen,
bittet für sie!
Alle Heiligen Gottes,
bittet für sie!

Sei ihnen gnädig! – Verschone sie, o Herr!
Sei ihnen gnädig! – Erlöse sie, o Herr!

Babette Kirchmeier, *Beamtenwitwe, 86 Jahre*

Die Marie, die Marie.
Die war bei mir als Haushaltshilfe. Na, bis ich ins Altenheim
bin.
Ja, ja, als Haushaltshilfe, die Marie. War eine ganz brave. Ganz
brav. Hat immer alles schön erledigt. Nicht so wie die jungen
Dinger, immer nur fortgehen und mit den Burschen poussieren.
Nein, die Marie war nicht so. Ein braves Mädel war sie.
Nicht besonders hübsch, aber brav und arbeitsam. Die hat mir
den ganzen Haushalt in Schuss gehalten.
Wissen Sie, ich bin nicht mehr so gut auf den Beinen, darum
bin ich auch ins Heim.
Kinder hab ich keine und mein Mann ist auch schon fast fünf-
zehn Jahre tot. Im Juni am 24. werden es fünfzehn Jahre.
Der Ottmar war ein guter Mann. Ein guter Mann.
Die Marie ist zu mir ins Haus, weil die Beine nicht mehr so
wollten. Die Beine, die wollen schon lange nicht mehr. Wenn
man alt wird, will vieles nicht mehr, nicht nur die Beine. Alt
werden ist nicht schön, das hat schon meine Mutter immer gesagt, glauben Sie mir. Nicht schön ist das.
Früher bin ich gelaufen wie ein Wiesel. Mit meinem Ottmar,
Gott hab ihn selig, bin ich immer zum Tanzen. Am Sonntag-
nachmittag zum Tanztee ins Odeon. Noch vor dem Krieg war
das. Der Ottmar war ein guter Tänzer. Beim Tanzen haben wir
uns auch kennen gelernt, damals noch unterm Kaiser. Ein
schneidiger Bursch war er, mein Ottmar mit seiner Uniform.
Der Ottmar war beim Militär damals, jetzt ist er auch schon
wieder fast fünfzehn Jahre tot.
Die Zeit vergeht, die Zeit vergeht. Ich hab die Schwierigkeiten
mit der Hüfte gekriegt. Man wird ja nicht jünger.
Da ist die Marie zu mir ins Haus. Geschlafen hats in der Kam-

mer. Anspruchsvoll war sie ja nicht, die Marie. Ein Bett, ein Stuhl, ein Tisch und ein Kleiderschrank. Mehr hats nicht braucht.

Wie ich im Januar, lassen Sie mich nachdenken, ja im Januar war's, ins Altenheim bin, denn mit dem Laufen ist es jetzt ganz schlecht. Ganz schlecht. Na, da ist die Marie zu ihrer Schwester.

Ich hab gar nicht gewusst, dass sie jetzt eine Stelle als Magd hat. Aber gepasst hat das schon zu der Marie. Die hat hinlangen können. Geredet hat sie nicht viel. War mir recht, denn die geschwätzigen Dinger mag ich nicht. Die tratschen und tratschen den ganzen Tag und daheim verlottert Haus und Hof.

Ja, ja, die Marie war bei mir als Haushaltshilfe. Na, bis ich ins Altenheim bin. Im Januar bin ich ins Altenheim. Eine gute brave Haushaltshilfe, die Marie. War eine ganz brave. Ganz brav. Hat immer alles schön erledigt.

Ich merk, ich werde jetzt müde. Ich möchte jetzt schlafen. Wissen S', im Alter braucht man viel Schlaf. Viele können ja nicht schlafen, aber ich brauch viel Schlaf. Hab schon immer gerne und viel geschlafen.

Äh, was haben Sie mich gefragt, jetzt hab ich es ganz vergessen, ja mit dem Alter, Sie wissen ja. Nach der Marie haben Sie mich gefragt. Tja, die Marie. Die war eine ganz brave und arbeitsam und fleißig.

Was macht die jetzt eigentlich?

Ist die nicht bei ihrer Schwester?

Ach, bin ich müde, ich möchte jetzt schlafen. Wissen S', wenn man alt ist, braucht man seinen Schlaf.

19

Der Winter will und will dieses Jahr dem Frühling nicht Platz machen. Es ist viel kälter als es normalerweise in dieser Zeit des Jahres ist. Seit Anfang März hat es abwechselnd geregnet oder geschneit. Das Grau der Morgennebel will auch im Laufe des Tages nicht weichen.

Am Freitagmorgen nun klärt es endlich ein bisschen auf. Die dunkel-grauschwarzen Wolken verziehen sich ein wenig. Ab und an bricht sogar die Wolkendecke ganz auf. Die ersten Strahlen der Frühlingssonne bahnen sich zaghaft ihren Weg.

Am Mittag verfinstert sich der Himmel jedoch erneut und am Nachmittag fängt es wieder an zu regnen.

Es wird so dämmrig, dass man den Eindruck hat, der Tag geht bereits zu Ende und die Nacht zieht herauf.

Zwei Gestalten, ganz in Schwarz gekleidet, bahnen sich in diesem trüben Licht ihren Weg. Sie gehen geradewegs auf den einen Hof zu. Eine von beiden schiebt ein Rad, die andere trägt einen Rucksack auf dem Rücken. Der Bauer, der gerade sein Haus verlassen hat, um in den Stall hinüberzugehen, lässt vorsichtshalber den Hofhund von der Leine. Erst als sie den Hof fast erreicht haben, erkennt er in den Gestalten zwei Frauen.

Er pfeift den Hund zurück. Hält ihn am Halsband fest.

Eine der beiden Frauen, jene mit dem Rucksack, erkundigt sich nach dem Weg. Sie seien auf dem Weg zum Hof der Familie Danner in Tannöd. Wären bei diesem Dämmerlicht vom Wege abgekommen. Ob er ihnen helfen könne und den richtigen Weg wüsste?

»Dort, hinter dem letzten Feld, nach links drüben in den Wald. Es ist nicht zu verfehlen«, ist seine Antwort.

Die Zwei ziehen weiter. Der Mann kettet seinen Hund wieder an, ohne sich weiter um die beiden zu kümmern.

Traudl Krieger, *Schwester der Magd Marie, 36 Jahre*

Am Freitag in der Früh hab ich mit der Marie ihre ganzen Habseligkeiten zusammengepackt. Viel hatte sie ja nicht, einen Rucksack voll und noch eine Tasche, mehr war's nicht. Das ist wirklich nicht viel.

Ich hatte ihr versprochen, sie zur neuen Stellung zu begleiten. Alleine wollte sie da nicht rausgehen, weil sie den Weg nicht kannte. Fest versprochen hatte ich es ihr.

Fest versprochen …

In der Früh war das Wetter noch gut. Bis wir endlich los sind, ist es bereits Mittag geworden. Da war das Wetter nicht mehr besonders. Meine Schwiegermutter ist gekommen und hat derweil auf meine Kinder aufgepasst.

Der Erwin, mein Mann, war noch bei der Arbeit. Er ist ganz in der Früh auf die Baustelle, der ist Maurer. Am Freitag wird es spät, bis er heimkommt. Nicht, dass er so lang arbeiten müsst. Nein, am Freitag bekommt er seinen Lohn und da geht er dann nach der Arbeit in die Wirtschaft.

Meistens kommt er spät und betrunken heim. So sind sie halt, die Männer, vergessen im Wirtshaus beim Trinken alles, Frau, Kinder, einfach alles.

Als wir los sind, die Marie und ich, da hatte es noch nicht zu regnen angefangen. Da war das Wetter noch einigermaßen. Am Himmel waren zwar viele dunkle Wolken, aber im Großen und Ganzen war das Wetter nicht so schlecht. In den letzten Wochen hatte es ja nur geregnet und geschneit.

Ich hab den Rucksack getragen und die Marie hat ihre Tasche auf den Gepäckträger des Fahrrads festgebunden. Ab und zu hab ich ihr beim Schieben geholfen.

Das Rad hab ich mir ausgeliehen, genauso wie den Rucksack, von meiner Nachbarin, der Müllerin. Mit unserem Rad ist nämlich der Erwin zur Arbeit und ich wollte nicht die ganze Strecke zu Fuß zurück. Ich dachte, mit dem Radl bin ich schneller wieder daheim.

Den Weg zum Danner hat mir die Verdingerin, die Kramerin, genau beschrieben. Die hat mir auch von der freien Stelle erzählt.

»Deine Schwester, die Marie, die ist doch kräftig. Die kann doch hinlangen und arbeitsscheu ist die doch auch nicht. Draußen beim Danner ist die Magd davongelaufen. Die suchen eine neue. Das wär doch was für die Marie, deine Schwester.« Hat sie zu mir gesagt.

Die Kramerin weiß immer alles. Zu der kommen die Leut aus der ganzen Umgebung und sagen ihr, wenns eine neue Magd oder einen Knecht brauchen, oder erzählen ihr auch sonst die ganzen Neuigkeiten, ob einer gestorben ist, oder eine ein Kind kriegt. Sogar wenns einen zum Heiraten suchen, brauchens bloß zu der gehen. Die kann die Richtigen schon zusammenkuppeln. Ihr Mann macht dann den Hochzeitslader, den Schmuser.

Seit Januar war die Marie bei uns, in unserer kleinen Wohnung. Anspruchsvoll ist sie ja nicht, kann man bei uns ja auch nicht sein.

Die Wohnung hat zwei Zimmer, eines für die Kinder und eines für uns. Eine Wohnküche und ein eigenes Klo hat sie auch. Kein Etagenklo, wo du dich anstellen musst und warten musst, bis die anderen Parteien fertig sind.

Für den Erwin, unsere drei Kinder und mich reicht die Wohnung aus, aber mit der Marie war es schon sehr eng.

Die Marie schlief in der Wohnküche auf dem Kanapee. Für immer war das nichts, nein wirklich nicht, nur übergangsweise. Deshalb war ich doch so froh über die Stelle.

Zwischendurch war die Marie für drei Wochen bei meinem Bruder. Im Februar war das. Der Bruder hat einen kleinen Hof, ein Sachl. Das hat der von unseren Eltern geerbt. Dem Bruder seine Frau war krank und da hat die Marie ausgeholfen. Die Marie war eine gute Haut, wissen Sie. Eine richtig gute Haut, die konnte wirklich hinlangen und arbeitete gern, aber sie war auch sehr einfältig.

Ich meine, sie war etwas zurückgeblieben. Nicht geistig behindert oder so, nein, eher ein bisschen naiv und gutmütig.

Wie es der Schwägerin wieder besser gegangen ist, ist die Marie zu uns zurück. Mit dem Bruder hat die Marie sich nicht besonders gut verstanden. Der hat an ihr immer nur rumgemäkelt, dem konnte sie nichts recht machen. Der ist schon sein Lebtag lang ein Grantler, der wird sich nie ändern.

Ich bin zwar jünger als die Marie, acht Jahre, aber für mich war die Marie immer die kleine Schwester, auf die ich aufpassen musste. Nach dem Tod unserer Mutter war ich der Mutterersatz für die Marie. Unser Vater ist auch schon lange tot, kurz nach der Mutter ist der gestorben. Die Schwindsucht, hat der Arzt gesagt.

Wenn es einer verstand, konnte der die Marie ausnutzen. Sie machte immer alles, was man ihr sagte, sie stellte nie Fragen.

Unsere Mutter hat immer gesagt, »Gutheit ist ein Stück von der Liederlichkeit«.

Liederlich war sie nicht, die Marie, aber viel zu gut. Die hätt auch ohne Lohn gearbeitet, einfach nur gegen Kost und Logis. So war sie eben. Ein armes Luder wars.

Bis Silvester hatte die Marie noch eine Stelle bei der Frau Kirchmeier, Babette Kirchmeier. Die Kirchmeierin war verwitwet und die Marie machte ihr den Haushalt, so gut sie konnte. Mit der Kirchmeierin ging es aber in der letzten Zeit immer mehr bergab. Die konnte am Schluss fast nicht mehr laufen und etwas wirr im Kopf war sie auch. Da ist sie dann halt ins Altenheim, Kinder sind bei der keine da, die sie hätten aufnehmen können, die Kirchmeierin. Und so hat die Marie ihre Stelle halt verloren.

Wie ich schon gesagt habe, hatte ich der Marie versprochen, sie zu dem Danner zu begleiten.

Für den Weg hätten wir nach der Beschreibung der Kramerin eineinhalb Stunden gebraucht, aber das Wetter wurde immer schlechter.

Richtig finster ist es geworden und ein böiger Wind zog auf. Es war eine Stimmung, so richtig wie ich mir den Weltuntergang vorstelle, düster und trübe. Immer denk ich, wir hätten bei diesem Wetter nicht gehen sollen. Alles wäre jetzt anders, alles.

Gegen zwei Uhr sind wir von der Wohnung los, so gegen halb vier hatten wir uns vollkommen verlaufen. Eine Zeit lang sind wir noch umhergeirrt. Dann sind wir wieder ein Stück zurück, auf den letzten Hof zu, an dem wir vorbeigekommen waren.

Dort haben wir nach dem Weg gefragt.

Am letzten Feld nach links, immer den Weg entlang durch den Wald, es sei nicht zu verfehlen, war die Antwort.

Im Wald hat es auch noch zu regnen angefangen. Durchnässt sind wir schließlich zu dem Einödhof gekommen. Ich hätte nie gedacht, dass der so weit draußen liegt. Ich hätt die Marie sonst nicht da raus gelassen. Nie hätte ich sie da raus gelassen. Nie.

Bei denen in Tannöd war nur die Alte da, die hat uns die Tür aufgemacht. Sonst hab ich keinen gesehen. Nur die Alte und das kleine Kind.

Ein hübscher kleiner Bub, zwei Jahre alt, schätz ich, mit schönen goldblonden Locken.

Der Marie hat das Kind gleich gefallen, das habe ich gesehen, die Marie mag Kinder. Nur die Alte war recht seltsam, misstrauisch hat sie uns angeschaut. Kaum, dass sie uns gegrüßt hat. Die nassen Jacken haben wir über den Stuhl gehängt. In der Nähe des Ofens zum Trocknen. Die alte Dannerin hat die ganze Zeit über kein Wort gesagt. Ich hab noch versucht, mit der in ein Gespräch zu kommen. Man fragt doch, wenn ein Fremder auf den Hof kommt. Aber nichts, mit der war nichts zu machen, nur der Kleine, der hing bereits nach fünf Minuten an der Marie ihrem Rockzipfel und hat gelacht.

Und die Marie mit ihm.

Die Küche war genauso wie der Hof, düster und alt, ein bisschen schlampig war es auch. Die Alte hatte eine Schürze angehabt, die hätt auch wieder einmal gewaschen werden müssen. Und der Kleine, ein schmutziges Gesicht hat der gehabt.

In der ganzen Stunde, in der ich mit meiner Schwester Marie auf der Bank beim Kachelofen gesessen bin, hat die Dannerin vielleicht fünf Sätze gesagt. Mürrische, seltsame Leute, hab ich mir noch gedacht.

Nach der Stunde hab ich meine Jacke genommen, ich wollte nicht im Dunklen nach Hause. Die Jacke war jetzt fast trocken und ich wollte gerade aufbrechen.

»Ich muss jetzt heim, es wird schon dunkel. Damit ich mich nicht wieder verlaufe«, habe ich noch zur Marie gesagt.

Direkt auf der Türschwelle bin ich dann der Tochter von der alten Dannerin begegnet.

Richtig zwischen Tür und Angel.

Wir haben noch ein paar Worte gewechselt, die war ein bisschen freundlicher als die Alte und ich bin gleich zur Tür raus.

Die Marie hat mich begleitet. Ich hab das Fahrrad durch das Gartentor geschoben und mich am Zaun von ihr verabschiedet. Sie sah nicht besonders froh aus, ich glaube, am liebsten wäre sie mit mir nach Hause zurückgefahren. Ich habe sie verstehen können, aber was hätt ich machen können, es ging doch nicht anders.

Das Herz hat es mir fast zerrissen. Nur schnell weg wollte ich, zur Marie hab ich noch gesagt: »Hoffentlich gefällt es dir. Wenn nicht, wir finden schon noch was anderes.«

Die Marie meinte nur: »Es wird schon gehen.«

Einfach wieder mitnehmen hätt ich sie müssen. Es hätt sich schon noch was anderes gefunden. Da bin ich mir ganz gewiss.

Aber ich habe mich umgedreht und bin mit dem Rad losgefahren. Wie die Marie noch einmal gerufen hat, bin ich stehen geblieben und vom Rad abgestiegen.

Die Marie ist mir nachgelaufen und hat mich ganz fest gedrückt. Ganz fest. So als wollte sie gar nicht loslassen. Richtig losreißen musste ich mich, ganz schnell bin ich aufs Rad.

In die Pedale bin ich getreten, wie verrückt. Ich wollte nicht mehr stehen bleiben.

Das Haus, der Hof, nein, da möchte ich nicht mal beerdigt werden, hab ich mir noch gedacht. Geschüttelt hat es mich.

Wie kann es ein Mensch da draußen bei diesen Leuten nur aushalten. Die arme Marie, wie kann sie es bei denen bloß aushalten. Voller Gram war ich, die Brust war mir ganz eng, aber was hätte ich machen sollen? Bei uns auf dem Kanapee, da konnte die Marie nicht mehr bleiben und dem Erwin war das Ganze auch nicht recht, der wollte sie schon lange loswerden. Ich bin geradelt und geradelt. Ich hab nicht angehalten. Ich wollt nur weg, weg, weg!

Auch vor meinem schlechten Gewissen wollte ich weg.

Irgendwann lief mir Wasser über die Wangen. Zuerst hab ich noch gedacht, weil ich so schwitze vom Radln. Aber dann hab ich es gemerkt. Es waren Tränen.

Marie geht gleich nach dem Abendbrot in ihre Kammer, neben der Küche.

Das Zimmer ist klein. Ein Bett, ein Tisch, eine Kommode und ein Stuhl, mehr hat nicht Platz.

Auf der Kommode die Waschschüssel mit dem Krug.

Gegenüber der Tür ein kleines Fenster. Wohin kann sie sehen, wenn sie aus dem Fenster schaut? Vielleicht Richtung Wald? Morgen wird sie es wissen. Marie würde gerne den Wald durch ihr Fenster sehen.

Die Fensterbank ist mit Staub bedeckt. Ebenso der Tisch, die Kommode. Die Kammer ist schon seit längerem unbewohnt. Die Luft im Raum abgestanden, muffig. Marie stört sich nicht daran.

Sie öffnet die Tischschublade. Es liegt ein alter Zeitungsausschnitt darin. Ganz vergilbt, ein Wäscheknopf und die Klammer eines Einmachglases. Marie schiebt die Schublade wieder zu.

Rechts von ihr steht das Bett. Ein einfaches braunes Holzbett. Die Zudecke mit einem weißblauen Bezug, das Kopfkissen ebenfalls.

Marie setzt sich seufzend auf ihr Bett. Eine Weile sitzt sie da und blickt sich im Raum um.

Lässt ihren Gedanken freien Lauf.

Sie vermisst die Traudl und die Kinder. Aber es ist besser, in einem Bett als auf dem Kanapee zu schlafen, und den Erwin, den muss sie jetzt auch eine Weile nicht mehr sehen.

Der Erwin hat sie nicht gemocht, das hat die Marie gleich gespürt, wie sie an Neujahr zur Traudl gezogen ist. Wie er zur Tür hereingekommen ist, kein Gruß, kein Handschlag, nichts. Zur Traudl hat er nur gesagt: »Was will denn die da?«, dabei hat er mit dem Kopf in ihre Richtung genickt, ohne die Marie auch nur anzusehen.

»Die wohnt jetzt bei uns, bis sie eine neue Stelle hat«, hat da die Traudl nur geantwortet.

»Ich mag keine Leut, die mir auf der Tasche liegen«, kam von ihm nur zurück.

Sie, die Marie, hat so getan, als ob sie es nicht gehört hätte. Aber das Herz hat ihr weh getan, weil der Erwin so ein grober Klotz ist. Gesagt hat sie das der Schwester nie, aber gedacht hat sie es sich.

Für »dumm« hat er sie gehalten, »einfältig«, »zurückgeblieben«, »nicht ganz richtig im Kopf«, alles das und noch mehr hat sie ihn sagen hören und dabei immer geschwiegen. Wegen der Traudl und wegen der Kinder. Sie konnte doch sonst nirgends hingehen. Sie hat doch nur die Traudl und die Kinder.

»Gott sei Dank gibt es hier auf dem Hof auch Kinder«, denkt sich die Marie.

Mit Kindern kann sie gut umgehen. »Kinder sind das Salz der Erde« ist einmal auf einem Kalenderblatt gestanden. Sie hat sich diesen Spruch gemerkt. Sie mag diese Kalendersprüche und wenn ihr einer besonders gut gefällt, hebt sie sich das Kalenderblatt auf, liest den Spruch immer wieder.

Marie seufzt, steht vom Bett auf, fängt an, ihre Sachen in die Kommode einzuräumen. Sich in der Kammer etwas einzurichten. Immer wieder hält sie inne. Setzt sich auf ihr Bett. Die Arme fallen kraftlos in ihren Schoß, bleischwer. Immer wieder geht sie in Gedanken zurück. Denkt an die Kirchmeierin, wie gern sie doch für die alte Frau gearbeitet hat. Auch wenn die immer wunderlicher geworden ist.

Denkt an ihren Bruder, den Ott. Der war aus demselben Holz geschnitzt wie der Erwin. Da brauchte einer die Hand nicht umdrehen. Ausgeholfen hatte sie vor ein paar Wochen bei ihm, wie seine Frau so krank und malade geworden ist. Froh war sie gewesen, da wieder wegzukommen.

Sie reißt sich zusammen. »Es hat keinen Taug ewig da zu sitzen und über das Leben zu sinnieren«, sagt die Marie zu sich selbst. Sich fertig einrichten und schlafen muss sie, damit sie morgen in der Früh aufstehen kann. Sie hat schon genug Zeit vertan.

Sorgfältig räumt sie ihre Habseligkeiten weiter ein. Wieder versinkt sie, wieder schweifen ihre Gedanken ab, denkt an das erste gemeinsame Essen mit ihrem neuen Dienstherrn.

Der Bauer, ein großer, kräftiger Mann, einsilbig. Während des Abendessens hat er nicht viel gesprochen. Er hat sie nur kurz begrüßt, als er in die Stube kam. Ein fester Händedruck, ein abschätzender Blick, das war alles.

Seine Frau, auch sie sehr still. Älter als ihr Mann. Verhärmt, verschlossen. Sie sprach das Tischgebet.

Die Tochter, sie war nett zu Marie. Hat gefragt, ob sie außer der Traudl noch andere Geschwister hat, Nichten und Neffen. Hat sich nach deren Namen erkundigt und nach dem Alter.

Mit der kann man noch am besten auskommen, denkt sich Marie.

Und die Kinder …

Die Kinder hier im Haus sind nett. Nette Kinder, besonders der kleine Bub. Der hat sie gleich angelacht. Der wollte immer mit ihr spielen. Sie hat mit ihm gescherzt. Hat ihn auf ihren Schoß genommen und auf den Knien reiten lassen, wie sie es immer mit den Kindern ihrer Schwester gemacht hat. »Hoppe Reiter« hat sie mit ihm gespielt, von ihrem Schoß hat sie ihn plumpsen lassen. Der Kleine hat vor lauter Lachen gegluckst.

Wie die junge Bäuerin die Kinder zu Bett geschickt hat, da ist die Marie auch aufgestanden.

Hat gesagt: »Ich geh auch gleich in die Kammer, muss meine Sachen noch einräumen. Dann kann ich morgen in aller Früh gleich anfangen.«

Sie hat allen noch eine gute Nacht gewünscht und ist in ihre Kammer gegangen.

Aber bleiben will sie auf diesem Hof nur solange, bis sie was Besseres gefunden hat, das weiß sie jetzt schon. Obwohl die Kinder lieb sind und die junge Bäuerin eine ist, mit der man auskommen kann. Der Hof liegt viel zu weit draußen, sie möchte näher bei der Traudl sein.

Marie ist mit dem Einräumen fast fertig. Nur noch den Rucksack auspacken.

Draußen ist das Wetter noch schlechter geworden. Der Wind nimmt immer mehr zu. Es stürmt.

Hoffentlich ist die Traudl gut zu Hause angekommen, denkt sie bei sich.

Das Fenster ist nicht besonders dicht, der Wind pfeift durch die Ritzen. Marie bemerkt einen Luftzug. Sie dreht sich um zur Tür. Die Tür steht leicht offen. Marie will sie schließen. Da bemerkt sie, wie sich die Tür langsam, knarrend immer mehr öffnet. Ungläubig staunend blickt sie auf den größer werdenden Spalt.

Marie ist unschlüssig, sie weiß nicht, was sie tun soll. Steif und starr bleibt sie einfach nur stehen. Den Blick auf die Tür gerichtet. Bis sie ohne ein Wort, ohne eine Silbe von der Wucht des Schlages zu Boden fällt.

Von allem Übel,
erlöse sie, oh Herr!
Von Deinem Zorne,
erlöse sie, oh Herr!
Von der Strenge Deiner Gerechtigkeit,
erlöse sie, oh Herr!
Von dem nagenden Gewissenswurm,
erlöse sie, oh Herr!
Von ihrer langen und tiefen Betrübnis,
erlöse sie, oh Herr!
Von der Qual des läuternden Feuers,
erlöse sie, oh Herr!
Von der schauerlichen Finsternis,
erlöse sie, oh Herr!
Von dem schrecklichen Jammern und Wehklagen,
erlöse sie, oh Herr!
Durch Deine wunderbare Empfängnis,
erlöse sie, oh Herr!
Durch Deine Geburt,
erlöse sie, oh Herr!
Durch Deinen süßen Namen,
erlöse sie, oh Herr!
Durch Deine Taufe und Dein heiliges Fasten,
erlöse sie, oh Herr!
Durch Deine grenzenlose Demut,
erlöse sie, oh Herr!

Am Morgen steht er meist noch vor Tagesanbruch auf.

Schlüpft in seine Hose und geht über den Flur hinüber in die Küche.

Dort schürt er den Küchenherd mit ein paar Scheiten Holz an.

Füllt den kleinen blauen Emailletopf mit Wasser und stellt ihn auf den Herd.

Er wäscht sich das Gesicht kurz mit dem kalten Wasser aus dem Wasserhahn in der Küche.

Wartet noch einige Augenblicke, bis das Wasser im Topf zu kochen anfängt.

Die Dose mit Zichorienkaffee steht auf dem Regal über dem Herd. Er schiebt den Topf mit dem siedenden Wasser beiseite und gibt zwei Kaffeelöffel voll Kaffeepulver hinein. Er dreht sich um, holt die Tasse aus dem Küchenbüffet an der gegenüberliegenden Wand, das Teesieb aus der Schublade. Er schüttet den Malzkaffee über das Sieb in die Tasse. Brockt sich noch eine Scheibe Brot in den »Hafen«. Mit der Tasse Kaffee setzt er sich an den Tisch in der Zimmerecke, löffelt die voll gesogenen Brotstücke aus dem Kaffee. Die Tür im Rücken sitzt er vor dem Fenster und schaut hinaus ins Dunkel.

Im Sommer sitzt er gerne auf der Bank hinter seinem Haus und trinkt dort seine Tasse Malzkaffee. Er lauscht dem ersten Morgengesang der Vögel, die Luft ist noch kühl und rein. Ein Vogel nach dem anderen stimmt sein Lied an. Immer in der gleichen sich nie ändernden Reihenfolge. Von seinem Platz aus kann er ihrem Gesang lauschen, während die Sonne am Horizont aufgeht.

Er leert seine Tasse und stellt sie in die Küche. Der Hof ist mittlerweile erwacht und er geht seinem Tagwerk nach. Zu dieser frühen Stunde meist stumm. Allein mit sich und seinen Gedanken. Wenn der Tag sich bereits deutlich von der Nacht unterscheidet, sind die kostbaren Augenblicke des Müßigganges für ihn schon lange zu Ende.

So war es im Sommer.

Im Winter sitzt er, wie auch jetzt, in der Küche am Fenster, blickt hinaus und kann es kaum erwarten, dass die Tage endlich länger werden und er sich wieder seinem alltäglichen Morgenritual hingeben kann.

Hermann Müllner, *Lehrer, 35 Jahre*

Ich werde Ihnen nicht viel weiterhelfen können, da ich erst zu Beginn dieses Schuljahres, Anfang September, an diese Schule versetzt worden bin. Bisher war immer so viel zu tun, ich hatte noch nicht die Zeit, die Leute hier auf dem Land besser kennen zu lernen.

Die Kinder der zweiten Klasse unterrichte ich in allen Fächern, außer in Religion. Dieses Fach wird durch unseren Herrn Pfarrer Meißner unterrichtet.

Die kleine Maria-Anna, wie sie eigentlich hieß, war in meiner Klasse.

Sie war eine ruhige Schülerin, sehr ruhig. Beteiligte sich nur zögerlich am Unterricht. Wirkte etwas verträumt. Nicht besonders gut in Rechtschreibung. Lesen etwas holprig. Rechnen, ja Rechnen lag ihr etwas mehr. Ansonsten ist mir nichts aufgefallen.

Ihre Freundin war, so weit ich weiß, die Betty. Die saß auch neben ihr. Ab und zu haben die Mädchen im Unterricht getuschelt. Wie das Freundinnen eben gern machen. Mädchen haben sich immer viel zu erzählen und manchmal leidet dann die Aufmerksamkeit.

Bei meiner Ermahnung waren sie aber sofort still.

Das Fehlen der kleinen Maria-Anna am Samstag ist mir gleich aufgefallen. Ich habe deshalb die Kinder der Klasse befragt, ob einer eine Nachricht über den Verbleib der Schülerin hätte. Dem war leider nicht so. Als die Schülerin am Montag wieder nicht zum Unterricht erschien, machte ich mir eine Notiz ins Klassenbuch.

Nichts war anders als an anderen Schultagen. Zu Unterrichtsbeginn sprachen wir, wie jeden Tag, unser Morgengebet und wie immer bedachten wir darin besonders jene Schüler, die aus Krankheitsgründen nicht im Unterricht anwesend waren.

Dies ist ein ganz normaler Vorgang, wir machen es immer so, das ist nicht ungewöhnlich. Ich konnte ja zu diesem Zeitpunkt noch nicht ahnen, wie wichtig unser Gebet für die kleine Maria-Anna war.

Es kam schon vor, dass Schüler nicht in den Unterricht kamen, sie wurden dann meist nachträglich von ihren Eltern entschuldigt, oder wenn ein Geschwisterkind auch zur Schule geht, am ersten Fehltag von diesem.

Ich habe mir darum vorgenommen, sollte die Schülerin am Dienstag immer noch unentschuldigt fehlen, mit dem Rad zum Hof ihrer Großeltern nach Tannöd rauszufahren. Am Dienstag gleich nach der Schule wollte ich fahren, wurde aber dann leider aufgehalten. Seitdem zerbreche ich mir den Kopf, ob ich vielleicht eher hätte rausfahren sollen. Aber hätte dies der kleinen Maria-Anna geholfen? Ich weiß es nicht.

Ludwig Eibl, *Postschaffner, 32 Jahre*

Der Hof der Familie Danner liegt fast am Ende meiner Runde. Seit einem halben Jahr habe ich diese Tour. Ich komm fast täglich hier vorbei. Dreimal die Woche aber bestimmt. Der Danner hat nämlich die Heimauer Nachrichten bestellt und die erscheinen dreimal in der Woche. Am Montag, am Mittwoch und am Freitag.

Ist keiner da, soll ich die Post einfach neben der Haustüre am Fenster ablegen, so hat es der Danner mit mir ausgemacht.

Am Montag war ich draußen, und als keiner aufgemacht hat, hab ich die Post wie vereinbart hinterlegt. Durch das Fenster konnte ich bei der Gelegenheit auch schauen. War aber niemand zu sehen.

So was kommt ab und zu vor. Dass keiner zu Hause ist, meine ich. Nein, ungewöhnlich ist das nicht. In dieser Jahreszeit sind die Leute oft im Wald beim Holz machen. Da wird jeder gebraucht, da bleibt keiner auf dem Hof.

Der Hund, ja es könnte sein, dass der gebellt hat. Bestimmt hat der gebellt. Ich kann mich aber nicht mehr erinnern. Die Hunde bellen immer, wenn ich komme. Ich hör schon nicht mehr hin. Bei meinem Beruf ist das eben so.

Wie ich wieder aufs Radl gestiegen bin, hab ich mich noch mal umgedreht, hab kontrolliert, ob die Tasche richtig auf dem Gepäckträger sitzt. Wenn die leer wird, verrutscht die leicht. Dabei hab ich auch noch mal zum Haus geschaut.

Ob Rauch aus dem Kamin gekommen ist? Sie stellen vielleicht Fragen. Ich habe keine Ahnung, ob Rauch aus dem Kamin gekommen ist. Aufgefallen ist mir nichts.

Hab aber auch gar nicht darauf geachtet.

Wenn ich ehrlich bin, leiden können hab ich die Leute vom Hof nicht so besonders. Der alte Danner war ein misstrauischer

Mensch. Ein Eigenbrötler. Seine Frau, die Dannerin, war auch nicht anders. Die sind beide zum Lachen in den Keller.

Na, was soll's. Die Dannerin hatte bei ihrem Mann bestimmt kein leichtes Leben.

Seine Tochter, die Barbara Spangler, ist schon eine fesche Person, aber auch aus dem gleichen Holz wie ihre Eltern.

Die Gerüchte, dass bei denen alles immer in der Familie bleibt, sogar die Kinder, kenn ich schon. Wer kennt die nicht, und als Postbote erfährt man ja so einiges, aber wenn einer immer alles glauben müsst.

Wissen Sie, mir ist egal, wer der Vater von der Barbara ihren zwei Kindern war.

Hätt ja viel zu tun, müsst ich mich um fremder Leut Angelegenheiten kümmern. Da müssen Sie schon andere fragen. Ich bring die Post und halt mich raus.

Das Wetter ist heute den ganzen Tag über etwas besser gewesen als in den letzten Wochen. Kein Schnee mehr, auch der Wind hat sich gelegt. Ab und zu fallen ein paar Tropfen Regen vom Himmel. Die Landschaft ist wie mit einem milchig weißen Schleier aus Dunst überzogen. Typisch für diese Jahreszeit. Vom Waldrand her ziehen die ersten Nebelschwaden Richtung Wiese, Richtung Haus. Es ist später Nachmittag und der Tag neigt sich seinem Ende zu. Die Dämmerung zieht langsam herauf.

Er geht auf das Haus zu. Die Post steckt zwischen den Gitterstäben, mit denen das Fenster neben der Haustür gesichert ist. Ist keiner im Haus, legt der Postbote immer hier die Post ab. Ein Briefkasten war so nicht nötig. Es kommt außerdem selten vor, dass gar keiner auf dem Hof ist. Die Post wird meistens direkt in Empfang genommen und für den Ausnahmefall bietet sich das Fenster neben der Tür an.

Eine Zeitung, nichts sonst, steckt zwischen den beiden Gitterstäben und der Fensterscheibe. Er klemmt sie sich unter den Arm, holt aus seiner Jackentasche den Haustürschlüssel hervor. Ein großer, schwerer altmodischer Schlüssel, aus Eisen. Mit den Jahren blauschwarz schimmernd vom Gebrauch. Er steckt den Schlüssel ins Schloss und entriegelt die Haustür.

Nach dem Öffnen der Tür kommt ihm ein Schwall abgestandener, leicht modrig riechender Luft entgegen. Kurz bevor er in das Haus tritt, dreht er sich um, blickt nach allen Seiten. Er geht hinein und versperrt die Tür wieder hinter sich.

Er geht den Hausgang entlang bis zur Küche. Öffnet die Küchentür und geht hinein. Mit am Morgen übrig gebliebenem Holz schürt er den Küchenherd an. Füllt wie in der Frühe den Dämpfer mit Kartoffeln. Füttert und tränkt das Vieh. Melkt die Kühe, versorgt die Kälber.

Dieses Mal verlässt er jedoch das Haus nicht, nachdem er die

Arbeit im Stall erledigt hat. Er geht hinaus in den Stadel, nimmt die Spitzhacke, die er sich bereit gelegt hat und versucht in der rechten Ecke des Stadels eine Vertiefung in den Boden zu schlagen.

Mit der Hacke lockert er den festgetretenen Lehmboden. Stößt aber kurz unter der Oberfläche auf steinigen, felsigen Grund. Er versucht es an einer anderen Stelle nochmals. Auch hier ohne Erfolg. Er lässt von seinem Vorhaben ab.

Stampft die aufgelockerte Erde mit seinen Schuhen wieder fest und verstreut Stroh darüber.

Er kehrt in die Küche zurück. Hungrig geworden von der Anstrengung, schneidet er sich in der Vorratskammer ein Stück vom Rauchfleisch ab. Nimmt den letzten Kanten Brot, der im Küchenschrank liegt. Noch ein Schluck Wasser aus der Leitung und er verlässt Küche und Haus.

Kurt Huber, *Monteur, 21 Jahre*

Am Dienstag war's, ja am Dienstag, dem 22.3.195...
Der alte Danner hatte schon eine Woche zuvor bei uns angerufen, in der Firma. Ganz pressant hatte er es gemacht.
Aber das Wetter war nicht so, da konnte einer nicht einfach die Dreiviertelstunde mit dem Radl rausfahren. Immer geschneit hat es und geregnet auch zwischendurch. War so ein richtiges Scheißwetter. Und Arbeit hatten wir in der Firma ja auch noch genügend.
Ich muss ehrlich sagen, ich fahre nicht gerne zu denen nach Tannöd raus.
Warum? Na, die sind ziemlich komisch. Eigenbrötler. Und geizig sind die. So richtig geizig, neiden einem jedes Stück Brot, jeden Schluck Wasser.
Als ich im Sommer schon einmal den Motor der Futterschneidemaschine reparieren musste, haben die mir nicht einmal eine Brotzeit angeboten. Obwohl ich doch über fünf Stunden ununterbrochen an diesem Motor herumgeschraubt und gearbeitet habe. Nicht einmal ein Glas Wasser oder eine Tasse Milch, geschweige denn eine Halbe.
Aber, wenn ich ehrlich bin, ich hätte sowieso nichts runtergekriegt bei denen. Da war alles so dreckig und schmierig. So was kann ich nicht leiden.
Wie ich mir die Hände abgewaschen habe, am Wasserhahn in der Küche, hab ich mir die Küche genauer angeschaut. Nein, pfui, wie man in so einer Schlamperei leben kann. Ich könnt das nicht.
Die alte Dannerin, in ihrer geflickten, dreckigen Schürze. Ihr kleiner Enkel, immer mit einer Rotzglocke.
Ja glauben Sie, die hätte dem Kind die Nase geputzt. Der Kleine ist auf dem Küchenboden rumgekrabbelt, hat ab und zu was

aufgehoben und in den Mund gesteckt. Die Dannerin hat zuge-schaut und nichts gesagt. Wie der Kleine zu weinen angefan-gen hat, hat ihn die Alte auf ihren Schoß gesetzt und ihm sei-nen Dutzl gegeben. Zuvor hat sie den Dutzl noch abgeschleckt und in die Zuckerdose, die auf dem Tisch stand, getaucht. Ab-geschleckt und in die Zuckerdose getunkt. Das müssen Sie sich mal vorstellen. Alles hat geklebt, die Dose war ganz verkrustet, vom Speichel und vom Zucker.

Also ich versteh das nicht. Ich hätte da wirklich keinen Bissen runtergekriegt, aber anbieten hätten sie einem schon was kön-nen, finde ich. Das gehört sich einfach so. Das gebietet doch der Anstand, oder?

Also, wie ich den Auftrag für die Motorreparatur bekommen habe, war ich gar nicht so wild drauf, da noch mal rauszufah-ren. Noch dazu bei diesem Wetter.

Der alte Danner hat dann noch mal angerufen und sich bei un-serem Meister beschwert, da blieb mir nichts anderes übrig. Ich bin gleich am Dienstag um acht Uhr losgeradelt, nachdem ich mein Werkzeug aus der Firma geholt habe.

Wann ich dann draußen war? So kurz vor neun Uhr, denk ich mal, war das. Ja, ziemlich genau kurz vor neun. Ich war recht verschwitzt, als ich bei denen am Hof angekommen bin. Woll-te vorne durch das Gartentor durch und zur Haustüre. Das Gar-tentor war aber verschlossen. Erst haben sie es so pressant und danach ist keiner da, habe ich mir noch gedacht. Na ja, viel-leicht sinds ja hinterm Haus.

Also schiebe ich mein Radl, um den Hof herum. Dabei bin ich an den beiden Stallfenstern, an der Rückseite des Hauses, vor-bei. Durch eines der beiden Fenster habe ich auch reingeschaut. Hab aber nichts erkennen können. Hätte ja sein können, dass einer von ihnen im Stall bei den Kühen ist. War aber nicht so. Durch das Küchenfenster hab ich noch geschaut. Aber auch kei-nen gesehen.

Jetzt wusste ich nicht so recht, was ich tun sollte. Drum hab ich mein Fahrrad an den Obstbaum gelehnt und gewartet.

Wie lange? Ungefähr zehn Minuten müssen es gewesen sein, denke ich. Ich hab mir eine Zigarette angezündet und die geraucht. Das dauert zirka zehn Minuten.

»Es müsste ja eigentlich gleich einer kommen«, dachte ich mir. Nach einer kleinen Weile sehe ich tatsächlich einen. Ob Mann oder Frau, weiß ich nicht. Der war ziemlich weit weg, auf dem Acker draußen ist der gestanden.
Zuerst dachte ich, das ist er jetzt, der alte Danner.
Ich habe gerufen und auch gepfiffen. Aber der auf dem Acker hat nicht gehört. Der ist nicht näher gekommen, war genauso plötzlich wieder verschwunden, wie er aufgetaucht ist.
Ich hab noch etwas gewartet. Durch und durch blöd kam ich mir vor. Nach Hause radeln, ohne den Motor repariert zu haben, wollte ich auch nicht. Da hätte ich ja in ein paar Tagen wieder rausfahren müssen. So ein Motor repariert sich nicht von selbst.
Mir blieb nichts anderes übrig, also bin ich zum Motorhäuschen. Das liegt direkt an der Rückseite des Stadels, genauer an der Rückseite von Stall und Stadel. Die sind da direkt aneinander gebaut.
Wo ich die Maschine finde, habe ich noch vom letzten Mal gewusst.
Wie spät es da war? So gegen halb zehn. Ja, halb zehn dürfte die Uhr gewesen sein.

Die Tür war verschlossen und mit einem Vorhängeschloss gesichert. Ich hab mich umgesehen, ob ich irgendwo den Schlüssel finde.
Wissen Sie, manche Leute deponieren den Schlüssel gleich ganz in der Nähe. Zum Beispiel unter einem Stein, einem Eimer oder an einem Haken, an der Seite unter dem Dachvorsprung. Haben Sie eine Ahnung, was ich schon alles erlebt habe. Die machen das so, damit sie ihre Schlüssel nicht verlegen und so leichter wieder finden. Ein Schmarren ist das, ein absoluter

Leichtsinn. Da könnten sie die Türe gleich offen lassen. Aber so sind sie halt, die Leute, da kann sich einer nur wundern.

Die Danners hatten den Schlüssel leider nirgends, weder unter einem Stein noch an einem Haken. Nach Hause wollte ich, wie bereits gesagt, aber auch nicht unverrichteter Dinge und mein nächster Kundentermin war auch erst am Nachmittag, bei den Brunners in Einhausen drüben.

Kurz entschlossen habe ich deshalb meinen Werkzeugkasten vom Gepäckträger des Fahrrads geholt. Mit meiner Zange ganz vorsichtig den kleinen Draht, an dem das Vorhängeschloss hing, weggebogen. So brauchte ich das Schloss einfach nur abnehmen.

Wie ein Einbrecher oder Dieb bin ich mir vorgekommen. Aber was soll's, ich wollte nicht noch einmal herausfahren, und wenn einer gekommen wäre, ich hätte denen das schon erklären können.

Es kam aber keiner. Nur den Hund, den habe ich ganz heiser bellen hören. Gesehen habe ich ihn aber nirgends und die Kühe konnte man hören. Nicht laut, aber eigentlich ständig, fällt mir jetzt ein.

Als ich das Schloss abmontiert und die Türe zum Häusl geöffnet hatte, konnte ich endlich die Maschine richten. Hatte ja sowieso schon eine ganze Stunde vertrödelt. Das zahlt einem ja keiner, und so ein Pfennigfuchser wie der alte Danner erst recht nicht.

So einer, der schaut auf jede Minute, dem müsstest eher noch was geben, der verhungert noch mit dem Stückl Brot im Mund. Bei der Maschine war die Zylinderkopfdichtung kaputt, hatte ich mir gleich schon gedacht. Die auszuwechseln, das dauert.

Seinerzeit im Sommer hatte ich dem alten Danner schon angeboten, er soll sich doch eine neuere Maschine kaufen und die alte in Zahlung geben. War ja noch ein Vorkriegsmodell, wollte der Geizhals aber nicht, obwohl so was heutzutage gang und gäbe ist.

Auf dem Hof war immer noch keiner zu sehen. Mir war das

Ganze langsam unheimlich. Die Tür zum Motorhäuschen habe ich deshalb auch ganz weit offen gelassen. Erstens hatte ich so mehr Licht zum Arbeiten und zweitens konnte ein jeder gleich sehen, dass ich bereits dabei war, den Motor zu reparieren.

Ich war schon fast fertig, wollte nur noch eine Schraubenmutter wieder dranschrauben, rutscht die mir doch glatt durch die Finger und rollt direkt in die Wassergrube.

In dem Häusl war so eine alte Wassergrube zum Milchkaltstellen, für die vollen Milchkannen. Gott sei Dank war in der kein Wasser, die war leer.

Ich steige also runter in die Grube. Die sind nicht tief, gehen mir vielleicht bis zum Oberschenkel, wenn überhaupt, und hole meine Schraubenmutter heraus.

Genau in dem Augenblick, in dem ich mich bücke, um nach der Mutter zu suchen, war mir, als huscht da ein Schatten vorbei. Sehen konnte ich es nicht, es war mehr so ein Gefühl. Eine innere Stimme, die einem sagt, da ist einer, auch wenn man die betreffende Person nicht sieht. Aber sie ist da, man spürt es, da ist einer.

Ich sofort raus aus der Grube.

»Hallo, ist da jemand? Hallo!«, hab ich gerufen.

Aber keine Antwort. Mir war bisher schon nicht richtig wohl, jetzt war mir der Hof bloß noch unheimlich. Und dieses ständige Gebelle von dem Köter, den man nicht sieht.

So schnell es ging, hab ich darum die Schrauben angezogen und mein Werkzeug eingepackt. Den Motor Probe laufen lassen und danach aber nichts wie weg.

Das Vorhängeschloss habe ich wieder an seine alte Stelle montiert. Meine Sachen aufs Rad und ab durch die Mitte.

Wie ich so ums Haus schiebe, ist immer noch keiner zu sehen. Nur die Tür zum alten Maschinenschuppen ist offen, das war vorher nicht. Da bin ich mir absolut sicher.

Ich denk mir, vielleicht ist ja doch einer da? Stelle darum mein Rad noch mal ab und gehe die paar Schritte rüber in den Schuppen.

»Hallo, ist da einer?«, habe ich gerufen, aber auch diesmal keine Antwort. Nichts.

Weiter in den Schuppen hinein wollte ich nicht gehen, es kam mir irgendwie nicht geheuer vor.

Ich bin noch an der Haustüre vorbei und hab an der gerüttelt, aber die war versperrt.

Nichts hätte mich auf diesem Hof mehr halten können. Froh war ich, dort wegzukommen.

Kurz nach zwei Uhr muss ich fertig gewesen sein, denn auf dem Rückweg ins Dorf habe ich die Kirchenglocke »halb« schlagen hören.

Auf dem Acker, ob ich da noch jemanden gesehen habe? Nein, gesehen hab ich da keinen. Da waren nur ein paar Krähen. War auch kein Wunder, bei diesem Wetter. Es hat wieder zu nieseln angefangen, ganz leicht. Ich bin geradelt, als ob der Teufel hinter mir her wäre.

Die ganze Fahrt über, weg vom Hof, habe ich mir gedacht: »Wenn doch einer auf dem Hof war, der hätte den Motorenlärm hören müssen. Das geht gar nicht anders.«

Ich habe mich bestimmt geirrt, da war niemand, aber der Schatten, meine innere Stimme, das Gefühl, ich weiß nicht.

Bei meinem Kundentermin in Einhausen drüben habe ich denen nachher die Geschichte erzählt, weil sie mir nicht aus dem Kopf wollte.

Über fünf Stunden war ich auf dem Hof, bei dem Danner in Tannöd, und keiner ist gekommen. Fünf Stunden alleine auf dem Hof, ohne eine Menschenseele zu sehen.

Die Brunnerin in Einhausen, die hat die Geschichte auch sehr seltsam gefunden, »schon wegen dem kleinen Buben, den die in Tannöd haben. So ein Kind muss doch schlafen und etwas essen«, hat sie gesagt. »Da kann einer doch nicht den ganzen Tag rumzigeunern.«

Ihr Mann meinte aber nur: »Die sind bestimmt im Holz, das braucht eben seine Zeit.«

Das Messer. Wo ist das Messer, sein Taschenmesser? Er trägt es immer bei sich, in der Gesäßtasche. Eine feste Gewohnheit seit jenem Tag, als er sein Messer geschenkt bekommen hat. Am Tag seiner Firmung.

Er kann sich noch genau erinnern, am Tag seiner Firmung bekam er es. Das Geschenk seines Firmpaten. Ein Klappmesser, ein wunderschönes, handliches Messer mit brauner Griffschale. In einer Schachtel lag es. Ganz genau kann er sich erinnern.

An das Geschenkpapier, in das die Schachtel eingewickelt war. Ein dünnes Papier mit Blumendruck, bunte Gartenblumen. Das Päckchen verschnürt, mit einer roten Schleife. Vor lauter Aufregung zerriss er das Papier. Eine braune Pappschachtel kam darunter zum Vorschein. Seine Hände zitterten vor Erregung und Freude, als er die Schachtel öffnete. Da lag es, ein Taschenmesser. Sein Taschenmesser. Voller Stolz trug er das Messer ab jenem Tage immer bei sich. Es war sein wertvollster Besitz.

Nicht einer der anderen Jungen aus dem Ort hatte ein solches Messer. Er spürte es immer, das gute Gefühl, das er hatte, wenn er das Messer in die Hand nahm oder auch nur bei sich trug. Gerne und oft hielt er es in der Hand, ließ es von einer in die andere gleiten. Es gab ihm Sicherheit. Ja, Sicherheit.

Mit den Jahren nutzte sich das Messer durch den Gebrauch ab. Das Gefühl aber blieb.

Und nun, er sucht das Messer schon den ganzen Tag. Wann hatte er es das letzte Mal benutzt? Wo hatte er es liegen lassen?

Er durchlebt in seinen Gedanken den letzten Tag noch einmal. Langsam, wie aus dem Nebel, taucht ein Bild vor seinen Augen auf. Er sieht sich selbst, wie er mit dem Messer in der Hand ein Stück Rauchfleisch abschneidet. Sieht sich selbst dabei zu, wie er das Taschenmesser neben den Teller mit dem Fleisch legt. Er spürt die Unruhe, die langsam in ihm hochsteigt. Sein Herz schlägt schnell, schlägt bis zum Hals. Er hat das Messer nicht eingesteckt. Er war sich sicher. Er hat das Messer liegen lassen. Sein Messer. Sein Messer liegt in der Speisekammer neben dem Rauchfleisch. Er sieht es ganz deutlich vor sich liegen. Er müsste nur danach greifen.

Panik erfasst ihn. Er muss ins Haus. Er muss das Messer, sein Messer, holen. Er kann nicht warten bis zum Abend, kann nicht warten, bis die Dunkelheit hereinbricht. Das dauert noch Stunden, zu lange. Bis zum Abend kann viel geschehen.

Warum dachte er heute Morgen nicht daran? Er versorgte das Vieh im Stall, ist in Eile gewesen. Er ist fortgegangen, ohne zu prüfen, ob wieder alles an seinem rechten Platz lag. Das ist der Fehler gewesen. Warum ist es ihm erst jetzt aufgefallen. Es spielt keine Rolle. Er hat keine andere Möglichkeit, er muss ins Haus. Am helllichten Tag muss er, die Gefahr auf sich nehmend, ins Haus.

Er sieht das Fahrrad an einen Obstbaum gelehnt. Sieht die offene Tür des Maschinenhäuschens. Er hört eine Person summen, pfeifen. Vorsichtig nähert er sich dem Häuschen. Er lugt hinein. Der Mann ist mit der Reparatur der Futterschneidemaschine so beschäftigt, dass er ihn nicht bemerkt. Von seinem Platz neben der Tür beobachtet er den Unbekannten.

Dem fällt etwas aus der Hand, fällt zu Boden, rollt über den Boden in die Wassergrube. Der Fremde flucht, blickt suchend um sich. Klettert schließlich in die Wassergrube.

Auf diesen Augenblick hat er gewartet. Er huscht an der offenen Türe vorbei. Ehe der andere aus der Wassergrube heraussteigen kann, ist er bereits ums Haus. Holt den Schlüssel aus der Jackentasche und verschwindet in der Tür. Das Taschenmesser liegt genau an der Stelle, an der er es vergessen hat. Er wartet noch einige Minuten. Ihm erscheint es wie eine Ewigkeit. Er will eine günstige Gelegenheit abwarten, um das Haus wieder zu verlassen. Der Motor der Futtermaschine wird angeworfen. Er hört den Lärm. Eilig, ohne gesehen zu werden, verlässt er das Haus.

47

Dagmar, *Tochter des Johann Sterzer, 20 Jahre*

Am Dienstag um halb drei war's. Meine Mutter und ich sind gerade raus in den Garten. Die Beete herrichten.

Wir sind kaum im Garten, radelt der Monteur vom Landmaschinenvertrieb vorbei. Den kenne ich, der war schon einmal bei uns. Hat eine der Maschinen repariert.

Direkt an unserem Gartenzaun bremste er ab. Blieb stehen, steigt aber nicht vom Rad ab. Er hat uns nur vom Zaun her zugerufen, wenn wir den Danner sehen, sollen wir ihm sagen, der Motor läuft wieder. Fünf Stunden hätte er gebraucht, die Rechnung schickt er mit der Post.

Der Monteur ist gleich wieder auf sein Rad gestiegen und weitergefahren.

Meine Mutter und ich wunderten uns noch, dass beim Danner keiner auf dem Hof sein sollte. Haben uns aber nicht weiter darum gekümmert. Kurze Zeit später habe ich bereits nicht mehr daran gedacht. Ich hatte es wieder vergessen.

Ungefähr eine Stunde nach dem Monteur ist der Hauer Hansel aufgetaucht. Ich war mit meiner Mutter immer noch im Garten. Mit den Händen hat der Hansel rumgefuchtelt. Wie wild hat er mit den Armen in der Luft gerudert. Ganz aufgeregt war der. Schon von weitem hat er gerufen, ob der Vater zu Hause sei, beim Danner, da ist was passiert.

Genau in dem Augenblick ist der Vater aus der Haustür raus. Er hatte den Hansel schon durchs Fenster gesehen.

Der war noch nicht bei uns am Haus angekommen, da hat er wieder gerufen. Sein Vater, der Hauer, hätte ihn geschickt, weil beim Danner, da stimmt was nicht.

»Sterzer, du sollst mit rüber zum Tannöder auf den Hof.«

Allein wollten sie da nicht nachschauen. Seit dem Samstag haben sie keinen von den Dannerschen mehr gesehen. Selbst am

Sonntag war kein Einziger von denen in der Kirche.

Da ist mir die Sache mit dem Monteur wieder eingefallen, dass der heute auch schon gesagt hat, beim Danner ist keiner auf dem Hof.

Der Hansel hat uns erzählt, er ist von seiner Tante rüber zum Danner geschickt worden. Zum Nachschauen, weil sie doch von denen schon seit ein paar Tagen keinen mehr gesehen haben.

Auf dem Hof hätte das Vieh gebrüllt und der Hund wie wild gewinselt. An der Haustür hat er gerüttelt, aber die war versperrt. Richtig fest hat er dran gerüttelt und geklopft hat er auch und nach der Barbara und der Marianne hat er gerufen. Und weil ihm keiner geantwortet hat und weil ihm auf einmal nicht mehr wohl war auf dem Hof, da ist er zurück zum Vater.

Dem hat er dann alles erzählt und der hat ihn zu uns geschickt, damit einer von uns mit auf den Hof geht. Jetzt ist er da und der Vater und der Lois, die sollen gleich mit ihm rüber nach Tannöd. Der Hauer wartet dort auf sie.

Mein Vater ist mit dem Lois gleich losgelaufen. Rüber zu dem Danner seinen Hof. Den Hansel haben sie mitgenommen.

Dort haben sie sie ja auch gefunden. Alle.

Durch Deinen willigen Gehorsam,
erlöse sie, oh Herr!
Durch die unendliche Liebe Deines göttlichen Herzens,
erlöse sie, oh Herr!
Durch Deine Ängste und Mühseligkeiten,
erlöse sie, oh Herr!
Durch Deinen blutigen Schweiß,
erlöse sie, oh Herr!
Durch Deine Gefangennehmung,
erlöse sie, oh Herr!
Durch Deine grausame Geißelung,
erlöse sie, oh Herr!
Durch Deine schmachvolle Krönung und Verspottung,
erlöse sie, oh Herr!
Durch Deine mühevolle Kreuztragung,
erlöse sie, oh Herr!
Durch das kostbare Blut Deiner Wunden,
erlöse sie, oh Herr!
Durch Dein bitteres Kreuz und Leiden,
erlöse sie, oh Herr!
Durch Deinen Tod und dein Begräbnis,
erlöse sie, oh Herr!
Durch Deine heilige Auferstehung,
erlöse sie, oh Herr!
Durch Deine wunderbare Himmelfahrt,
erlöse sie, oh Herr!
Durch die Ankunft des Heiligen Geistes des Trösters,
erlöse sie, oh Herr!
Am Tag des Gerichtes,
erlöse sie, oh Herr!

Wir armen Sünder,
wir bitten Dich, erhöre uns!
Der Du der Sünderin Maria Magdalena verziehest,
wir bitten Dich, erhöre uns!

Michael Baumgartner stapft durch den Schneeregen auf den Hof in Tannöd zu. Der Wind bläst ihm ins Gesicht. Er kennt den Weg, kennt das Anwesen. Sonst wäre es schwierig geworden bei diesem Wetter, mitten in der Nacht den Hof zu finden. In den vergangenen Jahren hat er des öfteren auf dem Hof gearbeitet. Im Frühjahr im Wald, im Sommer auf dem Feld. Arbeit gab es immer genug.

Der Mich, wie er von allen gerufen wurde, arbeitet nicht gern zu lange auf einem Hof. Er zieht von Ort zu Ort, »immer auf der Walz«, wie er sagt. Schläft mal im Stadel, mal auf einem Dachboden.

Seinen Lebensunterhalt bestreitet er, wie jeder glaubt, durch Gelegenheitsarbeiten. Auch als Hausierer ist er ab und an schon unterwegs gewesen.

Tatsächlich lebt er jedoch meist von Diebstählen, Einbrüchen und dem Ausbaldowern kleiner Straftaten.

Er sieht sich auf den Höfen um. Zieht er wieder weiter, weiß er meist genug. Weiß, wo was bei wem zu holen war. Der Mich kann mit diesem Schlag Menschen umgehen. Dafür hat er ein Talent, »eine Ader«, wie er selbst sagt.

Eine Zeit lang auf einem Hof arbeiten. Fest zupacken, so kann man das Vertrauen der Leute gewinnen. Schmeicheln, wie gut einer doch »sein Sach« zusammenhält, wie »schön doch der Hof wäre«, noch ein, zwei Scherze, ein Augenzwinkern und der stolze Besitzer fängt an zu prahlen. Auch oder gerade, wenn sie sonst recht zugeknöpft sind. Er hört sich um, hält seine Augen offen und geht nach einiger Zeit wieder seiner Wege. Sein Wissen über die Höfe und ihre Eigentümer gibt er weiter oder steigt bei passender Gelegenheit selbst ein. Wie es ihm gerade am besten passt.

Wenn es einer geschickt anstellt, nicht zu gierig ist, auf seine Zeit warten kann, kommt man meist ganz gut um die Runden.

Erwischen lassen darf man sich nicht, aber erwischt werden nur die Gierigen, die Maßlosen, die Unvorsichtigen.

Gierig ist der Mich nicht, es liegt nicht in seiner Art, und Zeit hat er im Überfluss.

Das Diebesgut bringt sein Schwager unter die Leute. Seine Schwester und ihr Mann haben einen kleinen Hof in Unterwald. Das Haus liegt geradezu ideal. Abseits, schwer einsehbar.

Der Schwager hat gleich nach dem Krieg ganz gut am Schwarzhandel verdient. Mit der Währungsreform am 20. Juni 1948 erledigte sich diese Art Handel von allein.

Aber während seiner Zeit als Schwarzhändler hat der Schwager gute Kontakte aufbauen können. Ein kleiner Ring aus Hehlern, Händlern und Handlangern ist so entstanden.

Die Aufgaben fest verteilt. Mich wandert von Hof zu Hof, horcht die Leute aus. Ist die Zeit reif, steigen er, sein Schwager oder einer der alten Kameraden seines Schwagers in die Höfe ein. Stehlen Geld, Kleider, Schmuck, Lebensmittel, kurz alles, das man versilbern kann. Keiner kommt auf die Idee, ihn, den Mich, mit der Tat in Verbindung zu bringen. Zu lange lässt er sich bei den betreffenden Bauern nicht mehr blicken.

Wird der Boden in einer Gegend zu heiß, verzieht man sich in eine andere. Oder pausiert. Verlegt seine Geschäftsinteressen auf andere Gebiete.

Hausieren war eine gute Möglichkeit.

Sein Schwager war vor und sogar noch während der ersten Kriegsjahre als Hausierer unterwegs gewesen. Hatte den Bauern alles Mögliche verhökert, Schnürsenkel, Haartinkturen, Kaffee, vor dem Krieg, im Krieg nur Kaffee-Ersatz. Allen möglichen anderen Krimskrams. Wegen einer Beinverletzung wurde er als Invalide vom Kriegsdienst befreit. »Der Adolf brauchte Männer, keine Krüppel. Zum Krüppel machen konnte er sie ja selbst«, lachte er immer verschmitzt und klopfte dabei auf sein Bein.

Auch jetzt, nachdem sich die Sache mit dem Schwarzhandel erledigt hatte, ist er, der Schwager, ab und an als Hausierer unterwegs gewesen.

Zuerst ist der Mich nur mitgegangen. In der Zwischenzeit ist er selbst manchmal als Hausierer unterwegs. Aber nur gelegentlich.

Viel lieber arbeitet er als Gelegenheitsarbeiter auf den Höfen und baldowert so die Bauern und ihre Höfe aus.

Im letzten Spätsommer verdingte er sich eine Zeit lang bei der Hopfenernte als Zupfer. Der Verdienst ist nicht schlecht gewesen, die Verpflegung auch nicht. Selbst die Unterkunft im Stadel war nach seinem Gusto gewesen.

Ab Herbst ist er kurzzeitig als Hausierer von Haus zu Haus gezogen. Sogar an Tannöd ist er vorbeigekommen. Hat sich aber beim Danner auf dem Hof nicht blicken lassen. Er wollte nicht gesehen werden, denn den Tannöder hatte er noch auf seiner Liste. Für schlechtere Zeiten. Als Rücklage, sozusagen.

Er ist ja nicht auf den Kopf gefallen. Einige der guten Brocken muss man sich für Notzeiten aufheben, als Sparstrumpf sozusagen. Und der Danner ist ein fetter Sparstrumpf, das weiß der Mich ganz genau.

Im November ist es für ihn nicht so gut gelaufen. Er wollte mit seinem Schwager Kupferdrähte verschachern.

Kupfer war nach wie vor sehr gefragt und konnte gut verkauft werden, wenn man die richtigen Händler kannte. Sein Schwager hatte ein paar Burschen an der Hand, die kappten die Oberleitungen der Telefonkabel. Diese sollten dann weiterverkauft werden. Die Burschen waren nicht besonders hell, das Ganze ging schief, und der Mich musste wegen Hehlerei und ein paar kleinerer Sachen zum ersten Mal für ein paar Wochen in den Bau.

Nicht lange, aber immerhin drei Monate waren es auch. Er ist noch nicht lange wieder auf freiem Fuß. Bei seiner Schwester kann er nicht unterkriechen. Sein Schwager sitzt noch ein und seine Schwester kann ihn nicht mit durchfüttern. Es ist also die

richtige Zeit, um an seinen Sparstrumpf zu gehen. Der Tannöder ist also reif.

Er kennt den Hof von seinen früheren Touren gut. Der alte Danner hatte ihm einmal das ganze Haus und den Hof gezeigt. An-
gegeben hat der mit »seinem Sach«, dass es eine wahre Freud
war.

»Der alte Depp« hatte ihm sogar von seinem Geld erzählt, das
er »nicht alles auf die Bank legt«. Zu Hause hätte er auch immer etwas und nicht wenig. Die Stimmung war damals recht
gut gewesen. Er hatte es verstanden, sich beim Danner Lieb-
kind zu machen.

Der Alte war ein Schlitzohr, einer, den der Mich zu nehmen
wusste. Der Danner prahlte damit, wie er seine Nachbarn über
den Tisch gezogen oder übers Ohr gehauen hatte.

Er redete und redete und er, der Mich, hatte ihn bereits im Sack.
Darum ist er jetzt mitten in der Nacht unterwegs zum Hof. Nur
mit so einem schlechten Wetter hat er beim besten Willen nicht
gerechnet. Er ist schon fast bis auf die Haut durchnässt, als er
endlich den Hof erreicht. Er kennt sich auf dem Anwesen genau aus. Selbst der Hund ist kein Problem.

Auf der Walz ist er einmal bei einem Schäfer untergekommen,
von diesem hatte er den Umgang mit Hunden gelernt. Außerdem kennt ihn das Tier noch von seinem Aufenthalt auf dem
Hof.

Er gelangt über das alte Maschinenhäuschen in den Stadel. Von
dort auf den Dachboden. Ein Kinderspiel für ihn. Alles hat
geklappt wie am Schnürchen. In der Dunkelheit hat ihn keiner
gesehen. Der Hund hat ihn erkannt und nicht angeschlagen.
Er befestigt als Notausgang ein Seil an einem Holzbalken im
Zwischenboden des Stadels. Sicher ist sicher. Danach streut er
über den Bodenbrettern Stroh aus, zum Dämmen der Schritte.
Die Schlafenden unter ihm sollen nicht geweckt werden. Keiner sollte seine Anwesenheit bemerken. Heute ist Freitag. In ein
paar Stunden würde die Sonne aufgehen. Er wird von hier oben

55

den Hof beobachten und bei einer günstigen Gelegenheit ins Haus gelangen und »das Sparschwein schlachten«. Er ist zufrieden. In seinem Beruf ist Eile immer schlecht. Eile mit Weile hieß es doch. Hier oben wird keiner ihn finden. Er kann die Dachziegel von innen etwas beiseite schieben und so den ganzen Hof überblicken. Er kann warten. Er hat Zeit.

Georg Hauer, *Bauer, 49 Jahre*

Am Freitag, den 18. März, war's, da hab ich den Danner zum letzten Mal gesehen.

Ich wollte an dem Tag rüber nach Einhausen.

Hab drüben was abholen müssen, beim Eisenwarenhändler. Ich will dieses Jahr den Stadel neu bauen. Deshalb bin ich mit dem Brückenwagen gefahren.

Zu Fuß läuft einer da so eine gute Stunde, würde ich sagen.

Wie ich am Danner seinem Anwesen vorbei bin, der Weg führt unterhalb des Hofes vorbei, winkt mir der Alte schon von weitem zu.

Seit der Sache mit der Barbara, da bin ich dem Danner immer ein bisschen aus dem Weg gegangen. Wir haben nicht mehr viel miteinander geredet. Stehen geblieben bin ich aber trotzdem. Widerwillig.

»Bleib einmal stehen. Halt, ich muss dich was fragen!«, hat er gerufen, der Alte.

Zuerst hat er nur rumgedruckst. Mich hat's schon fast geärgert, dass ich überhaupt stehen geblieben bin. Auf einmal fragt er mich, ob ich was gesehen hätte, ob mir was aufgefallen wäre.

»Was hätte mir denn auffallen sollen. Mir ist nichts aufgefallen.« Ich hatte mich schon geärgert, überhaupt angehalten zu haben.

Wenn der mir schon so kommt, der hat doch wohl wieder irgendetwas vor. Bauernschlau, wie der Danner war. Bei dem konnte man die Hand nicht umdrehen. Erstaunt war ich deshalb, als er mich nur danach fragte, ob mir jemand begegnet sei, oder ich einen gesehen hätte.

»Warum?«, hab ich ihn gefragt.

»Bei uns hat heut Nacht einer versucht, ins Haus einzubrechen. Gestohlen worden ist nix. Aber das Schloss am Maschinenhäusl ist runtergerissen.«

»Da musst doch die Gendarmen rufen«, hab ich ihm noch geraten.

Aber die Polizei wollte er nicht im Haus haben, gab er mir zur Antwort.

»Mit den Uniformierten will ich nix zu tun haben.«

Das ganze Haus hat er schon abgesucht. Auf dem Dachboden ist er auch oben gewesen. Mit der Lampe hat er in alle Ecken geleuchtet, aber nichts gefunden.

Dabei war ihm die ganze letzte Nacht so gewesen, als wäre einer am Dachboden umgegangen. Heute, gleich in der Früh, war er droben gewesen. Aber nichts hat er gefunden. Gefehlt hat auch nichts.

Gefragt hab ich ihn noch, ob ich beim Suchen helfen soll. Stur wie er war, hat er nur gemeint, der wird schon wieder abgehauen sein. Er weiß nur nicht wie, da die Spuren alle nur zum Haus hin-, aber nicht wegführen.

In der Nacht hatte es Neuschnee gegeben. Nicht viel, nur zwei Zentimeter. Aber die Fußabdrücke, die hätte er teilweise noch gut erkennen können.

»Soll ich dir meinen Revolver bringen?«, hab ich ihn gefragt. Aus dem Krieg habe ich noch einen daheim, einen Trommelrevolver.

Der Danner hat nur abgewunken.

»Das brauchst nicht. Ich hab selber ein Gewehr und einen Prügel. Der Bagage, der werd ich schon auf die Sprünge helfen.«

Ich hab ihm noch angeboten, dass ich auf dem Heimweg noch bei ihm vorbeischaue, um mit ihm gemeinsam noch mal den Hof abzusuchen.

Der alte Sturschädel hat aber abgelehnt.

Gerade wie ich mit dem Wagen wieder anfahren will, dreht sich der Alte noch mal um und meint: »Dumm ist nur, den Haustürschlüssel hab ich auch seit gestern verlegt. Solltest einen

Schlüssel finden, der so lang ist«, dabei zeigte er mit den Händen die Länge des Schlüssels an, »der gehört mir.«

Das Gespräch war beendet und ich bin gleich weiter. Eigentlich wollte ich auf dem Rückweg noch mal beim Danner vorbei.
Das Wetter ist aber wieder schlechter geworden. Geregnet hat's und sogar ein bisschen Schnee war mit dabei. Deshalb bin ich gleich heim.
In der Nacht hat's ja sogar noch mal gefroren. Es hat halt dieses Jahr überhaupt nicht Frühjahr werden wollen.
Dass die vom Danner am Sonntag nicht in der Kirche waren, ist mir schon aufgefallen, hab mir aber nichts dabei gedacht.
Am Montag war ich draußen auf dem Acker beim Waldrand. Der grenzt an den Grund vom Danner. Dort hab ich das Feld umgeackert. Hab aber in der ganzen Zeit keinen vom Danner gesehen.
Am Dienstag hat dann die Schwägerin, die Anna, den Hansel zum Hof rübergeschickt, zum Nachschauen. Erst da ist mir die Sache mit dem Einbruch und dem verlorenen Haustürschlüssel wieder eingefallen. Alles Weitere wissen Sie ja.

Die alte Dannerin sitzt in der Küche am Tisch. Sie betet:

»Mildreichster Jesus, unsere Rettung,
unser Leben, unsere Auferstehung bist du allein.
Darum bitte ich dich,
verlass mich nicht in meinen Nöten und Ängsten,
sondern um des Todeskampfes deines heiligsten Herzens
und um der Schmerzen deiner unbefleckten Mutter willen
komm deinen Dienern zu Hilfe,
die du mit deinem kostbaren Blute erlöst hast.«

Ihr altes, abgegriffenes Gebetbuch in der Hand. Allein ist sie, alleine mit sich und ihren Gedanken.

Barbara ist hinaus in den Stall, will noch mal nach dem Vieh sehen. Ihr Mann ist bereits zu Bett. Genau wie die Kinder und die neue Magd.

Diese Zeit am Abend ist ihr kostbarstes Gut. Sie sitzt in der Küche, den Myrtenkranz in der Hand. Abgegriffen ist das Gebetbuch. Damals vor vielen Jahren, vor einem ganzen Leben, hat sie den Brautführer zur Hochzeit bekommen, wie es Brauch war. Ein Andachtsbuch für die christliche Frau.

Wer weiß, hätte sie dieses Leben ohne den Trost und die Gnade Gottes und der Gottesmutter leben können? Dieses Leben voller Demütigungen, Erniedrigungen und Schläge. Nur der Trost, den sie im Glauben gefunden hatte, hielt sie aufrecht. Aufrecht die ganzen Jahre. Wem hätte sie sich anvertrauen können? Ihre Mutter starb während des ersten Weltkriegs. Ihr Vater kurz danach, zu der Zeit, als ihr späterer Mann als Knecht auf den Hof kam.

Mit seinem Kommen erlebte sie zum ersten Mal, dass ihr jemand ein bisschen Aufmerksamkeit schenkte. Diese Aufmerksamkeit war Labsal für ihre Seele. Ihr gesamtes Leben war, bis zu diesem Zeitpunkt, bestimmt gewesen durch Arbeit und die tiefe Gläubigkeit ihrer Eltern.

Sie wuchs in einer kalten, bigotten Umgebung auf. Keine Zärtlichkeit, keine sanfte Umarmung, in der ihre Seele sich hätte wärmen können, kein mildes Wort. Das Leben, das sie führte, war geprägt vom Rhythmus der Jahreszeiten und der damit verbundenen Verrichtungen auf dem Hof sowie vom im strengen Glauben umgrenzten Leben ihrer Eltern.

Diese geistige Enge war fast körperlich zu spüren.

Da kam ihr späterer Mann als Knecht auf den Hof. Sie, die nie besonders hübsch war, wurde von diesem gut aussehenden Mann begehrt. Von Anfang an war ihr in ihrem Innersten klar gewesen, der Grund für dieses Begehren war weniger sie, die unscheinbare, kleine, bereits welkende Person. Eine alte Jungfer, 32 Jahre, noch nicht verheiratet. Er, groß, stattlich, noch keine 27. Trotzdem war sie blind dafür, dass er nach dem Hof und nicht nach ihrem Körper gierte.

Willigte wider besseres Wissen ein, heiratete. Schon kurz nach der Hochzeit veränderte er sich. Zeigte sein wahres Gesicht. War grob zu ihr, beleidigte sie, schlug sie sogar, wenn sie ihm nicht zu Willen war.

Sie ließ alles klaglos über sich ergehen. Keiner könnte das verstehen, aber sie liebte diesen Mann, sie liebte ihn sogar, wenn er sie schlug. Sie war abhängig von jedem Wort, das er sprach, von jeder seiner Handlungen. Egal, wie hartherzig und roh er sich zeigte.

Als sie schwanger wurde, waren seine Brutalitäten kaum noch zu ertragen, er demütigte sie, wo er nur konnte. Betrog sie mit der damaligen Magd offen vor jedermanns Augen. Es war das erste Mal, dass sie aus dem Schlafzimmer ausziehen und in der Kammer schlafen musste, weil eine andere ihren Platz eingenommen hatte. Sie war ihm verfallen, ihm untertan, ihm hörig. Ihr ganzes weiteres Leben.

Barbara, ihre Tochter, kam während der Kartoffelernte auf dem Feld zur Welt.

Er gönnte ihr, der Gebärenden, nicht einmal den Vorzug einer Niederkunft in ihrem eigenen Bett. Am Morgen, als sie bereits die ersten Wehen spürte, trieb er sie mit den anderen hinaus aufs Feld. Sie krümmte sich vor Schmerz, und als bereits das Blut ihre Beine hinablief und das Kind mit aller Gewalt aus ihrem Körper hinaus wollte, gebar sie diesen kleinen Wurm am Rande des Ackers. Entließ ihn hier unter freiem Himmel ins Leben. Auch in den Tagen nach der Niederkunft trieb er sie an. Fand sie keine Ruhe.

Die Magd ging und sie zog wieder in ihr Schlafzimmer ein. War ihm wieder zu Willen. Klaglos. Sie kannte es nicht anders.

Die Mägde kamen und gingen. Die wenigsten blieben lange. Mit der Zeit wurde ihr Mann ruhiger, so dachte sie. Sie hatte sich in ihr Schicksal gefügt.

Barbara, ihre Tochter, wuchs heran. Sie liebte ihren Vater abgöttisch und zu ihr war er voll Hingabe und Zärtlichkeit. Sie war zwölf, als ihr Vater sich zum ersten Mal an ihr verging. Ihre Mutter brauchte eine Zeit, bis sie die Veränderung an ihrer Tochter bemerkte.

Sie wollte den Missbrauch an ihrer eigenen Tochter nicht sehen. Wollte es nicht wahrhaben. War zu schwach, sich von ihrem Mann zu lösen, wo hätte sie auch hin sollen. Sein Verhalten brachte ihr den Vorteil seines völligen Desinteresses an ihr.

Je mehr seine Tochter zur Frau heranwuchs, desto weniger war er am Beischlaf mit seiner Frau interessiert. Ihr war das nur recht.

So schwieg sie. Ihr Mann konnte tun und lassen, was er wollte, er stieß nie auf Widerstand.

Nur einmal, damals die kleine Polin, die als Fremdarbeiterin auf dem Hof war, diese entzog sich ihm. Ihr, seiner Frau, war dieser Weg verwehrt.

Sie hatte ein hartes Leben gelebt. Ein Leben voller Entbehrung und Erniedrigung, aber sie konnte sich diesem Leben nicht entziehen. Sie musste diesen Weg zu Ende gehen und sie würde den bitteren Krug bis zum Ende leeren. Das wusste sie. Es war die Prüfung, die ihr der Herr auferlegt hatte.

Komisch, das polnische Mädchen war ihr heute schon häufiger in den Sinn gekommen. Wie ein Schatten war sie durch ihre Erinnerung gehuscht. Jahrelang hatte sie nicht mehr an die Fremdarbeiterin gedacht. Die alte Frau legt ihr Gebetbuch beiseite.

Sie blickt durch das Fenster in die dunkle, stürmische Nacht.

Ihr Mann hat heute den ganzen Tag nach dem Lumpen gesucht, der gestern versucht hatte, in den Hof einzudringen. Sie hat in der vorangegangenen Nacht Schritte gehört. Als ob einer »umginge«.

Ihr Mann hatte nichts gefunden und den ganzen Tag war es ruhig geblieben.

»Der Lump wird das Weite gesucht haben«, hatte er zu ihnen gesagt.

»Fehlen tut nichts, hab alles abgesucht. Ich sperr den Hund heut Nacht in den Stadel, an dem kommt keiner vorbei. Das Gewehr stelle ich neben mein Bett.«

Seine Worte hatten sie alle beruhigt. Sie fühlte sich sicher, wie sie sich ihr ganzes Leben auf diesem Hof sicher gefühlt hatte.

Barbara wollte noch mal hinaus in den Stall, »nachschauen, ob alles seine Ordnung hat«.

Wo sie nur bleibt, die Barbara. Sie müsste längst zurück sein. Sie würde aufstehen und nachsehen.

Schwerfällig steht sie vom Tisch auf. Sie nimmt das Gebetbuch, legt es in das Küchenbüfett. Geht hinaus, hinüber in den Stall.

I

Unruhig wälzt sich der alte Danner in seinem Bett hin und her.
Der Schlaf will und will sich heute nicht einstellen.

Er versucht es, aber der Wind, der unaufhörlich durch die Ritzen des Fensters pfeift, lässt ihn nicht zur Ruhe kommen.

Das ganze Haus hat er heute auf den Kopf gestellt. Ihm gehen die Fußspuren nicht aus dem Kopf. Fußspuren, die zum Haus hinführen. Im Neuschnee hat er sie am Morgen deutlich sehen können, ehe der Regen sie verwischte.

In allen Ecken und Winkeln des Hauses hat er nachgesehen. Gefunden hat er nichts. Er ist sich sicher, keiner kann sich vor ihm auf dem Anwesen verstecken. Dies hier ist sein Reich.

Er hat das Schloss am Maschinenhäusl repariert. Der Lump wird ums Haus rum sein und sich in Richtung Wald aus dem Staub gemacht haben. Er kann nur diesen Weg genommen haben. Sonst hätte er weitere Spuren finden müssen.

Am Abend hat er noch einmal das ganze Anwesen durchsucht. Dabei fiel ihm die kaputte Glühbirne im Stall auf. Er wird eine neue besorgen müssen. Bis dahin werden sie sich wieder mit den alten Petroleumlampen behelfen. So gut es eben geht.

Die neue Magd sieht aus, als könnte sie gut zupacken. Das kann er gebrauchen. Er braucht keine, die sich vor der Arbeit fürchtet. Für die Barbara und ihn allein ist die Arbeit am Hof zuviel. Zumindest über den Sommer.

Im Winter kommt man schon einigermaßen über die Runden.

Es wurde immer schwerer, Knechte und Mägde für die Landwirtschaft zu gewinnen. Die meisten versuchen ihr Glück in der Stadt. Der bessere Verdienst und die leichtere Arbeit locken.

Stadtleben, das ist nichts für ihn. Er muss frei sein. Sein eigener Herr sein. Niemand kann über ihn bestimmen. Er ist das Maß aller Dinge hier. Hier auf dem Hof ist er der Herrgott. Da kann sein Weib noch soviel beten. Je älter sie wird, umso bigotter wird sie.

Was treibt diese Alte überhaupt so lange? Sitzt die halbe Nacht betend unter dem Kruzifix und verschwendet das teure Licht.

Er muss aufstehen und nachsehen.

Strumpfsockig, nur mit dem Nachtgewand und einer langen Unterhose bekleidet, schlüpft er in seine hölzernen Latschen.

Schlurft über den steinernen Flur in die Küche.

Die Tür zum Nebenraum steht offen.

»Was soll das? Was wollen diese Weiber um diese Zeit im Stall? Um alles muss man sich selber kümmern.«

Verärgert geht er hinein und von dort weiter, hinüber in den Stall.

I

Den ganzen Tag über beobachtet der Mich das Treiben auf dem Hof von seinem Platz aus.

Er sieht den Tannöder, wie dieser die Spuren des Einbruchs bemerkt. Ein Kinderspiel ist es für ihn, dem Alten aus dem Weg zu gehen.

Der sucht das ganze Haus ab. Sogar auf den Dachboden zum Mich steigt er hoch, der Alte.

Mich hält den Atem an. Eine Hand fest um das Messer in der Tasche, steht er da. Hinter dem Kamin. Im Rücken des Bauern. Nach dessen Schulter könnte er greifen. Der Danner steht keine Armlänge von ihm entfernt auf der Bodentreppe. Versucht mit seiner Lampe, einer dünnen Funsel, die Dunkelheit auf dem Dachboden zu erhellen.

Er bemerkt weder das auf dem Zwischenboden verstreute Stroh noch den Strick, der bereit hängt.

Der Mich wartet den ganzen Tag. Er hat Zeit. Er weiß genau, wo die Tannöder ihr Geld verstecken. Er hat sich seinen Plan bis aufs Kleinste zurechtgelegt.

Läuft alles so, wie er es sich dachte, könnte er ungesehen das Haus verlassen. Wenn nicht?

Mich zuckt bei diesem Gedanken mit der Schulter, er schreckt auch nicht davor zurück, Gewalt anzuwenden. Gewalt gehört zu seinem »Beruf«. Er wird es auf sich zukommen lassen.

Gegen Abend finden sich noch zwei Fremde auf dem Hof ein. Zwei Frauen, die im Regen auf das Haus zugehen. Sie klopfen. Beiden wird geöffnet. Nach ungefähr einer Stunde kommen die Frauen wieder aus dem Haus. Verabschieden sich und eine kehrt ins Haus zurück.

Hansl Hauer, 13 Jahre, Sohn des Georg Hauer

Am Dienstag war's, wie die Tante zu mir gesagt hat, ich soll zum Danner rüberlaufen.

»Von denen drüben hört und sieht man nichts«, hat sie zu mir gesagt. »Vielleicht ist was passiert und sie brauchen Hilfe?«

Da bin ich halt rübergelaufen.

Ich denk, das war so gegen drei Uhr. Sicher bin ich mir aber nicht.

Bei den Tannödern war keiner auf dem Hof zu sehen, da hab ich halt an der Haustüre geklopft. Richtig fest geklopft hab ich und an der Tür gerüttelt, aber die war versperrt und aufgemacht hat auch keiner.

So bin ich dann ums Haus rum. In alle Fenster hab ich reingeschaut. Hab aber nichts sehen können. Ganz verlassen hat der Hof ausgeschaut. So, als ob keiner da wäre.

Der Hund, den hab ich gehört. Ganz erbärmlich gewinselt hat der und aus dem Stall, da hab ich das Vieh brüllen hören. Wie toll habens geschrien die Küh. In den Stall hab ich aber nicht rein können, weil die Türe von innen versperrt war.

Durch das alte Maschinenhäusl kann man auch in den Stall, das weiß ich. Da geht einer zuerst durch den Stadel durch und hinten links ist eine Holztür rüber in den Stall.

Die Tür vom Maschinenhäusl war sogar offen. Richtig sperrangelweit offen ist die gestanden, aber rein getraut hab ich mich nicht.

Ich bin nur an der Tür gestanden und hab gerufen. Nach der Barbara und der Marianne hab ich gerufen. Hat aber keiner geantwortet und reingehen wollte ich nicht. Da hab ich viel zu viel Schiss gehabt, weil das Vieh doch so geschrien hat und alles so anders war als sonst. So verlassen.

Ich hab eine richtige Gänsehaut gekriegt, so unheimlich ist mir worden.

»Da stimmt was nicht«, hab ich mir immer nur gedacht. Mir war, als würde eine Glocke in meinem Kopf läuten. Wie eine Alarmglocke, wenn die Feuerwehr ausrückt. Deshalb bin ich ganz schnell nach Hause gelaufen und hab's der Tante und dem Vater erzählt.

Der Vater hat gesagt, ich soll den Sterzer holen, denn alleine geht er auch nicht auf den Hof.

Da bin ich gleich weiter, rüber zum Sterzer nach Obertannöd.

Dem Sterzer seine Dagmar ist mit ihrer Mutter heraußen im Garten gewesen. Da habens gearbeitet.

Schon von weitem hab ich gerufen, weil ich so aufgeregt war. Ob der Oberöder zu Hause ist, hab ich gerufen und der ist auch gleich aus der Haustür raus. Ich hab ihm gesagt, dass beim Danner was nicht stimmt. Keiner ist zu Hause und der Hund winselt so und das Vieh brüllt im Stall. Der Vater hat gesagt, ich soll ihn holen, damit er mit dem Vater nachschauen kann. Denn alleine will das der Vater nicht.

Der Sterzer hat gleich nach dem Alois gerufen. Der Lois ist der Knecht auf dem Hof vom Sterzer und der Verlobte von der Dagmar.

Ich bin mit dem Oberöder und dem Lois rüber nach Tannöd zum Danner sein Hof.

Kurz vorm Haus war's, da haben wir den Vater getroffen. Gewartet hat er da auf den Sterzer. Mit uns ist er weiter zum Danner rauf.

Dort haben wir sie dann gefunden.

Ich ja nicht, weil der Vater hat mich nicht ins Haus reinlassen. Er hat gesagt, ich soll draußen bleiben.

Wie dann der Sterzer und der Lois ganz kreidebleich aus dem Stadel wieder raus sind, da war ich recht froh, dass ich nicht mit rein bin.

Der Vater hat gesagt, ich soll ins Dorf, »beim Bürgermeister
sollens die Gendarm anrufen«. Das hab ich dann auch gemacht.
Ich hab mir mein Radl geholt und bin rüber ins Dorf, zum Bürgermeister und geschrien hab ich, dass beim Danner alle tot
sind. Dass alle umbracht worden sind. Allen hab ich's ins Gesicht geschrien, sogar dem Bürgermeister.

Johann Sterzer, *52 Jahre, Bauer von Obertannöd*

In der Stuben bin ich gesessen. Den Hansl hab ich schon durch das Fenster gesehen. Mit den Armen hat der gefuchtelt und gerufen hat er immer was.

Ich habe mir gleich gedacht, da muss was passiert sein. Hab aber geglaubt, dass beim Hauer was los ist.

Deshalb bin ich gleich zum Haus raus. Der Hansl hat mir gesagt: »Der Vater schickt mich, weil sich beim Danner keiner rührt.«

Er, der Hansl, hätte heute schon nachgeschaut auf dem Hof und keiner wäre zu Hause und der Hund winselt so furchtbar. Das Vieh sei auch ganz unruhig.

»Der Vater will aber nicht alleine nachschauen«, hat er zu mir gesagt, da hab ich nach dem Alois gerufen und wir sind mit dem Hansl rüber zum Tannöder.

Mir war auch schon aufgefallen, dass sich bei denen keiner rührt. Wie ich geackert habe am Samstag, auf dem Acker, der an den Grund vom Danner grenzt, da habe ich auch schon die ganze Zeit keinen gesehen.

Komisch war das schon, aber ich hab mir weiter keinen Kopf drüber gemacht.

»Die werden halt im Holz sein«, hab ich mir gedacht.

Kurz vorm Haus hat der Hauer schon auf uns gewartet. Wir sind alle gemeinsam rauf zum Hof. Ich habe gleich gesehen, dass das Türl zum Maschinenhäusl offen war.

Der Hauer, der kennt sich ja auf dem Hof aus, seit der Sache mit der Barbara. Ein- und ausgegangen ist der auf dem Hof.

»Durch das Häusl können wir in den Stadel rein. Von dort

gibt's eine Tür in den Stall und vom Stall geht's rüber ins Haus«, hat er zu uns, dem Lois und mir, gesagt.

Zum Hansl hat er gemeint, dass der lieber draußen bleiben soll. Uns war's recht und so sind wir halt zu dritt ins Häusl rein. Da war wirklich eine kleine Tür. An der hinteren Wand im Häusl, die war aber von innen mit einem Haken versperrt.

Ich wollt schon wieder raus und versuchen, ob's keinen anderen Weg rein gibt, ins Haus.

Aber da hat mich der Hauer am Ärmel gepackt und gemeint: »Die Tür ist so schwach, die können wir schon eindrücken.«

Der Lois war einverstanden und so haben wir uns zu dritt gegen das Türl gestemmt.

Nach einer Zeit hat es tatsächlich nachgegeben und wir sind rein in den Stadel.

Drinnen war's recht finster. Nur von einer offenen Tür an der linken Seite des Stadels kam ein bisschen Tageslicht in den Raum. Auf der rechten Seite war das Heu eingelagert und die übrigen Futtervorräte, an der hinteren Wand und auf der linken Seite lagen überall Strohhaufen. Richtig sehen konnten wir allerdings in dem düsteren Raum nicht. Mehr erahnen.

Das Brüllen der Tiere vom Stall herüber wurde immer stärker. »Da steht eine Kuh!« Der Hauer hat sie als erster gesehen. Die Kuh stand mitten im Türstock.

»Kommts weiter, kommts, die muss sich losgerissen haben.«

Der Hauer ist auf die Kuh zu, die in der Tür stand. Ich hatte mich noch gar nicht richtig an die Dunkelheit im Stadel gewöhnt. Unheimlich war mir, alleine zurückbleiben wollt ich darum auch nicht. Deshalb bin ich hinter dem Hauer her. Dem Lois ging's anscheinend genauso. Wie der jedoch hinter dem Hauer her will, kommt er ins Stolpern. Kann sich aber gerade noch fangen.

Ich wollt zum Lois schon sagen, er soll doch aufpassen, wo er hinläuft, da seh ich im Stroh einen Fuß.

Der Lois hat mich am Arm gepackt. Richtig festgeklammert hat er sich.

Beide sind wir dagestanden und haben nur auf den Strohhaufen gestarrt. Keiner von uns, weder der Lois noch ich, hat sich gerührt. Einfach nur dagestanden sind wir.

Mein Herz hat so geschlagen, dass ich glaubte, es springt mir gleich aus der Brust heraus. Der Boden unter meinen Füßen wollte mich nicht mehr tragen, so weich sind meine Knie geworden. Mit meiner ganzen Kraft hab ich mich am Lois festgehalten und er sich an mir.

Alles war so unfassbar, so unsäglich.

Wie der Hauer das Stroh beiseite geschoben hat. Wie er einen nach dem anderen vom Stroh befreit hat. Den Danner, die kleine Marianne, ihre Großmutter und ganz zuletzt auch noch die Barbara. Alle waren sie blutüberströmt, mir grauste so, ich konnte sie gar nicht richtig anschauen.

Alles um mich herum war grässlich. Wie in einem Albtraum. Wie wenn »die Trud« auf dir sitzt und dir die Luft zum Schnaufen abdrückt. Raus wollte ich, nur noch weg von diesem Ort.

Wie ich mich zum Gehen umdrehte, hat sich mir der Hauer in den Weg gestellt.

»Wir müssen noch nach dem Josef schauen«, hat er mir ins Gesicht geschrien. Aber ich schob ihn zur Seite. Der Hauer versuchte noch mich festzuhalten. »Wir müssen nach dem Bub schauen. Wo ist der Bub. Wo ist der Josef?«

Aber ich habe ihn einfach stehen lassen, bin raus ins Freie. Raus an die Luft zum Atmen.

Draußen hab ich den Lois vor dem Maschinenhäusl gefunden. Ganz bleich war er. Nicht mehr auf den Beinen halten hat er sich können. Vor dem Häusl hat er sich mit dem Rücken zur Wand auf den Boden fallen lassen. Ich habe mich neben ihn auf die Erde gesetzt.

Doch der Hauer, der mir aus dem Stadel gefolgt war, drängte uns. Wir sollten versuchen, vom Stadel ins Haus zu gelangen. Ich hab nicht mehr können, war am Ende mit meiner Kraft und gezittert hab ich auch am ganzen Leib. So unsagbar elend war mir zu Mute.

Der Hauer, er ließ nicht locker. Er drängte uns, setzte uns fürchterlich zu.

»Wir müssen ins Haus. Wir müssen nachschauen, was geschehen ist.« Hat er immer wieder gesagt. Der Lois und ich, wir blieben jedoch auf dem Boden hocken. Da ist der Hauer schließlich alleine zurück in den Stadel.

Von dort, so hat er uns später erzählt, ist er durch den Stall hinüber ins Wohnhaus.

Nach einigen Minuten hörten wir, wie die Haustüre aufgesperrt wurde.

In der Zwischenzeit hatten wir uns wieder soweit gefasst, dass wir in der Lage waren, aufzustehen.

Der Hauer forderte uns erneut auf, mit ins Haus zu gehen. Und weil wir nun nicht mehr durch den Stadel, vorbei an den Toten mussten, gaben wir schließlich seinem Drängen nach und sind mit ihm ins Haus gegangen.

Auf dem Tisch in der Küche stand noch ein Glas. Alles sah aus, als ob der Raum gerade eben erst verlassen worden wäre. Als käme gleich wieder einer in das Zimmer zurück.

Wir haben uns im Raum umgesehen. Die Tür zu der anschließenden Kammer war einen Spalt offen. Der Hauer öffnete die Tür ganz. Halb von einem Federbett verdeckt, fanden wir den leblosen Körper einer Frau. Um sie herum war alles voller Blut.

Diese Frau kannte ich nicht, ich hatte sie noch nie zuvor in meinem Leben gesehen.

Wieder trieb uns der Hauer an, drängte uns, in den anderen Räumen des Hauses nachzusehen.

Im Schlafzimmer fanden wir schließlich den kleinen Josef in seinem Bettchen liegen. Auch er war tot.

I

***Alois Huber**, 25 Jahre*

Wer weiß, wäre ich nicht gestolpert, hätten wir sie vielleicht gar nicht so schnell gefunden. Im Stadel war fast kein Licht. Das Tageslicht, das durch die offene Stalltüre in den Stadel fiel, reichte nicht aus, den Raum auch nur ein wenig heller zu machen.

Zuerst dachte ich noch, ich bin über einen Stock, ein Stück Holz, halt irgendeinen größeren Gegenstand gefallen. Es dauerte einige Zeit, bis ich begriff.

Der Bauer und ich, wir standen nur da. Wäre der Hauer nicht dabei gewesen, hätte der das Stroh nicht zur Seite geräumt. Ich glaube, wir wären ewig dagestanden, einfach nur dagestanden, unfähig, uns zu bewegen.

Wie ich die toten Körper gesehen habe, ist mir schlecht geworden.

Nicht, dass ich so leicht aus der Fassung zu bringen bin. Im Krieg hab ich mehr als genug gesehen, das können Sie mir ruhig glauben. Jeder, der im Krieg war, hat genügend Tote gesehen, sodass es eigentlich für ein ganzes Leben reichen müsste.

Aber so etwas, wie die zugerichtet waren.

Ich hatte sie doch alle gekannt, das waren doch keine Fremden, das waren doch Menschen, mit denen man Tag für Tag zusammengekommen ist.

Ich habe sie mir nicht anschauen können. Ich bin raus aus dem Stadel und habe mich vor dem Maschinenhäusl übergeben.

Alles Weitere passierte, als wäre die Welt um mich herum stehen geblieben. Das Einzige, das ich noch fühlte, war dieser Abscheu, dieses Grauen. Der, der das getan hat, der kann doch kein Mensch sein. Ein Teufel ist das. Von hier kann das keiner sein, bei uns gibt es keine solchen Ungeheuer.

Hätte der Hauer nicht so gedrängt und gehetzt, ich wäre niemals in das Haus gegangen, um die anderen zu suchen. Niemals in meinem Leben.

Der Hauer hat uns ja immer wieder angetrieben. Wie die Lämmer zur Schlachtbank sind wir ihm gefolgt. Er hat die Nerven nicht verloren, eigentlich fast unglaublich. Der war nicht so kopflos wie wir, der Sterzer und ich. Der war sehr beherrscht, besonnen in allem, was er tat. Dabei kannte der doch den Danner und seine Familie am besten. Der war doch fast so was wie ein Schwiegersohn. Der war doch der Vater von dem kleinen Josef.

Ich an seiner Stelle hätte mich nicht so im Griff gehabt. In keinem Moment hat der die Nerven verloren. Ich hab ihn dafür sogar ein bisschen bewundert, so beherrscht wie der war. Fast kaltblütig.

Auch ich habe schon einiges in meinem Leben erlebt, damals unterm Adolf, da haben sie uns Burschen mit fünfzehn Jahren noch eingezogen. In eine Uniform haben die uns gesteckt, ein Gewehr in die Hand gedrückt und gesagt, wir sollen auf den Feind schießen. Auf den Feind. Dass ich nicht lache. Der Feind waren alte Männer und Frauen mit Kindern, auf die hätte ich schießen sollen.

Ich war in Regenberg stationiert und der Ami hatte die ganze Stadt schon eingekesselt. Damals hat es geheißen, verteidigen bis zum letzten Mann. Lieber tot, als dem Feind in die Hände fallen. So ein Schmarren, war doch eh alles schon den Bach runter.

Eine Gruppe von Alten und Frauen mit ihren Kindern ist durch die Stadt gezogen. Sie wollten, dass die Stadt kampflos übergeben wird. Nur Alte, Frauen und Kinder waren es, die Männer waren ja alle noch im Feld oder in Gefangenschaft.

Die oberen Herren von der Partei waren schon dabei abzuhauen. Feige Hunde waren das, denen mussten wir noch beim Kofferpacken helfen.

Die wollten nur schnell weg, diese Herren. Uns fünfzehnjährige Kinder, die wir waren, haben sie auf die Straße geschickt. Wir sollten auf die Protestierer schießen. Auf die Alten und Frauen und Kinder hätten wir schießen sollen.

Da bin ich in dem Tumult abgehauen. Hab mein Gewehr weggeworfen und bin runter zur Donau. Ich hab mich dort versteckt im Keller eines ausgebrannten Hauses. Am Abend bin ich im Schutz der Dunkelheit durch den Fluss geschwommen. Ich bin ein guter Schwimmer.

Damals hatte ich Angst. Einfach nur Angst. Angst um mein Leben.
Ich dachte, es sei das Schlimmste, das ich je in meinem Leben erleben muss.
Auf der anderen Seite der Donau, in Walch, hat mich eine alte Frau drei Tage versteckt. Die hatte selbst nichts mehr. Hat mich versteckt, bis die Amis in die Stadt rein sind.
Sie hat mir noch alte Kleider von ihrem verstorbenen Mann gegeben.
Ich hatte doch noch die Wehrmachtsuniform an, wenn mich die Amerikaner so erwischt hätten, die hätten mich gefangen genommen. Die Nazis hätten mich gleich erschossen oder aufgehängt, als Vaterlandsverräter, als Deserteur.
Von Walch bin ich zu Fuß nach Hause. Fast eine Woche habe ich gebraucht, bis ich endlich daheim war. Das ganze Land war nach dem Zusammenbruch irgendwie auf dem Weg. Zerlumpte Gestalten habe ich gesehen, Tote, Aufgehängte.
Aber so ein Grauen wie auf diesem Hof ist unbeschreiblich. So bestialisch, wie die hingemetzelt wurden.
Was kann das für einer sein, das war ein Ungeheuer, ein Verrückter.
Aber sagen Sie mir, warum auch die Kinder? Warum die kleinen Würmer, frage ich Sie? Warum?

Der Du den Schächer am Kreuze erhörtest,
wir bitten Dich, erhöre uns!
Der Du die Auserwählten aus Erbarmen beseligst,
wir bitten Dich, erhöre uns!
Der Du die Schlüssel des Todes und der Hölle hast,
wir bitten Dich, erhöre uns!
Der Du unsere Eltern, Verwandten und Wohltäter von den
   Strafen des Fegefeuers befreien wolltest,
wir bitten Dich, erhöre uns!
Dass Du Dich besonders jenen Seelen, an die niemand auf
   Erden denkt, erbarmen wolltest,
wir bitten Dich, erhöre uns!
Dass Du sie alle verschonen und ihnen verzeihen wolltest,
wir bitten Dich, erhöre uns!
Dass Du ihr Verlangen nach Dir recht bald befriedigen wollest,
wir bitten Dich, erhöre uns!
Dass Du sie in die Gesellschaft Deiner Auserwählten
   aufnehmen und ewig beseligen wolltest,
wir bitten Dich, erhöre uns!

Der Raum ist in gedämpftes Licht getaucht.

Er kann nicht sagen, ob die Vorhänge geschlossen oder geöffnet sind. Er sieht den Raum vor sich, in ein milchig schimmerndes Weiß getaucht. Wie durch einen hauchdünnen Schleier.

Er sieht die Möbel des Raumes. Die Kommode, aus dunkelbrauner Eiche, schwer mit den drei Schüben. Jeder der Schübe hat zwei Griffe aus Messing. Diese sind matt, abgegriffen vom Gebrauch. Die Schübe müssen an beiden Griffen zugleich gepackt werden, nur so kann man sie öffnen. Es sind schwere Schübe.

Über der Kommode ein Bild. Ein Schutzengel, der zwei Kinder über einen hölzernen Steg geleitet. Die Kinder gehen Hand in Hand. Ein Junge und ein Mädchen. Unter dem Steg, am unteren Bildrand, ein reißender Bach. Der Schutzengel in ein wallendes weißes Gewand gekleidet. Breitet seine Arme schützend über die Kinder. Barfuß geleitet er sie über den wilden Bach. Im Hintergrund der Schatten einer Bergkette. Auf den Gipfeln der Berge ist der weiße Schnee zu erkennen.

Der Rahmen des Bildes vergoldet, an manchen Stellen beginnt sich das Gold abzulösen. Darunter liegt die weiße Farbe der Grundierung.

Er weiß, auf der gegenüberliegenden Seite des Zimmers befindet sich das Bett. Daneben das Nachtkästchen.

Beides aus der gleichen dunkelbraun-farbigen Eiche.

Auf dem Nachtkästchen stehen ein Sterbekreuz, links und rechts Kerzenleuchter. Die Kerzen brennen.

Auf dem Bett liegt ein Mädchen. Fast noch ein Kind. Die Augen geschlossen. Das Gesicht von einer durchsichtigen Blässe. Ihre Haare, zu Zöpfen geflochten, hängen weit über die Schultern herab. Um die Stirn einen Kranz aus Myrte gebunden.

Die Hände auf der Brust gefaltet. In die gefalteten Hände hat jemand, vielleicht seine Frau, vielleicht die Leichenwäscherin, ein Sterbekreuz gesteckt.

Das Mädchen gekleidet in ein weißes Kleid. Weiße Strümpfe. Die Füße stecken in weißen Strümpfen. Keine Schuhe. Ihre Gestalt scheint sich langsam im Licht des Raumes aufzulösen.

»Sieh sie dir nur an, sie ist ein Engel geworden.«

Er hört die Stimme einer Frau, seiner Frau? Spürt, wie sich seine Kehle immer mehr und mehr zuzieht. Merkt, wie die Übelkeit langsam in ihm hochkriecht.

»Sie ist ein Engel geworden. Ist sie nicht wunderschön?«

Brechreiz nimmt ihm fast die Luft zum Atmen.

Er dreht sich um, rennt zur Tür.

Reißt die Tür fast aus den Angeln, so erscheint es ihm. Hastet die Treppen hinunter. Er will nur fort. Hinaus über die Wiesen und Felder dem Wald zu.

Dort lässt er sich zu Boden fallen. Mit dem Gesicht liegt er im kühlen Moos. Mit jedem Atemzug kann er den kalten erdigen Duft des Waldes schmecken. Tief aus seinem Inneren löst sich ein Schrei. Der Schrei drängt nach draußen. Er schreit seine Verzweiflung heraus. Der Schrei hatte nichts Menschliches mehr, einem waidwunden Tier gleich schreit er seine Verzweiflung heraus.

Von diesem Schrei erwacht er. Schweißgebadet sitzt er aufrecht in seinem Bett.

Der Traum wiederholt sich, Nacht für Nacht. Manchmal liegt seine Frau vor ihm tot auf dem Bett. An anderen Tagen wiederum ist an ihre Stelle das Mädchen getreten, oder der kleine Junge.

Er steht auf, geht zum Fenster, blickt hinaus in die kalte Nacht.

Maria Sterzer, 42 Jahre, Bäuerin von Obertannöd

Wie mein Mann und der Lois auf unseren Hof zurückgekommen sind, haben sie mir gar nicht mehr erzählen müssen. Schon von weitem an ihrem Gang habe ich gesehen, dass etwas Schreckliches passiert sein muss. Wie sie dann bei uns in der Stube gesessen sind, ganz bleich im Gesicht, da habe ich es gewusst. In ihren Gesichtern hat man es lesen können, das Grauen. In den ersten Nächten ist mein Mann dann immer wieder aufgeschreckt. Der Anblick der Toten hat ihn nicht zur Ruhe kommen lassen.

Dass so was bei uns hier heraußen passiert, kann sich einer eigentlich kaum vorstellen. Aber, dass der Danner nicht in seinem Bett gestorben ist, so richtig wundern tut mich das eigentlich auch nicht.

Man soll ja nichts Schlechtes über Tote sagen und deshalb spreche ich auch nicht gerne über die Toten. Wissen Sie, wir leben hier auf einem kleinen Dorf. Ein jeder Tratsch und Ratsch geht rum, da sage ich lieber nicht viel.

Ich sag nur soviel, dass ich sie nicht gemocht hab, die Leute von dem Hof.

Eigenbrötler waren das alles, besonders der Alte war kein guter Mensch. Mit denen ist man nicht warm geworden und ich hab auch nicht warm werden wollen. Nicht einmal geredet habe ich mit denen, seit der Sache mit der Amelie.

Die Amelie, das war eine ganz nette. Die war auf dem Hof vom Danner als Fremdarbeiterin. Das war noch unterm Krieg. Da habens die Kriegsgefangenen und alle möglichen anderen Leute auf den Höfen als Fremdarbeiter arbeiten lassen. Bei uns war einer aus Frankreich, der Pierre.

Die Männer, die waren alle im Feld, außer der Danner, der hat's irgendwie geschafft, nicht eingezogen zu werden. Der war halt recht speziell mit denen von der Partei damals.

Mein Mann war bei der Wehrmacht und darum ist uns der Pierre zugeteilt worden. Dem Danner die Amelie.

Da hat's genaue Vorschriften gegeben, wie man mit den Fremdarbeitern umgehen soll. Ich habe mich aber nicht daran gehalten. Der Pierre hat bei uns auf dem Hof gearbeitet, alleine mit den kleinen Kindern und meiner Schwiegermutter, Gott hab sie selig, hätte ich den Hof nie bewirtschaften können.

Mein Mann war im Feld und später in Gefangenschaft. Der ist erst '47 wiedergekommen. Gott sei Dank ist er wiedergekommen.

Der Pierre, der hat gerne in der Landwirtschaft gearbeitet. Der kam auch von einem Bauernhof. Ohne ihn wäre alles den Bach runtergegangen, der hat geschuftet, als ob es sein Hof wäre. Wir sind gut mit ihm zurechtgekommen. Selber hatten wir ja auch nicht viel, aber das Wenige haben wir mit ihm geteilt.

Wenn einer soviel arbeitet, dann muss er auch anständig behandelt werden. Der ist doch auch ein Mensch und kein Vieh. Das Gleiche habe ich auch unserem Bürgermeister ins Gesicht gesagt, wie der mich hat verwarnen wollen.

Der hat nur gemeint: »Sterzerin pass auf, so manch einer ist schon wegen weniger aufgehängt worden.«

Sogar einen anonymen Brief habe ich bekommen. Darin haben sie gedroht, mich anzuzeigen. Ich habe trotzdem getan, was ich für richtig hielt. Hab mich nicht unterkriegen lassen.

Der Amelie ist es nicht gut gegangen. Die ist beim Danner gar nicht gut behandelt worden. Zum Essen hats fast nichts gekriegt von dem alten Geizhals und arbeiten hats müssen wie ein Ochse.

Dabei war sie doch ein ganz schmales Persönchen. Aus der Landwirtschaft war die auch nicht. Die kam aus einer Stadt in Polen, ich glaub, aus Warschau. Genau weiß ich es aber nicht mehr.

Mir hat's nur furchtbar Leid getan, das arme Ding. Der Pierre hat gemeint, der Danner ist der Amelie nachgestiegen. Richtig verfolgt und belästigt soll der Danner die Amelie haben, sogar über sie hergefallen soll er sein. Dem Pierre hat sie ihre blauen Flecken gezeigt und geweint hat sie.

Einmal soll der Danner sie sogar draußen auf dem Hof mit der Geißel geschlagen haben. Nur weil sie nicht so wollte wie er. Blutige Striemen hats gehabt.

Glaubens, die Dannerin hätte der geholfen? Nichts hat sie gesagt. Im Gegenteil, drangsaliert und schikaniert hat sie die Amelie, wo es nur ging.

Es ist schon so, wird einer sein ganzes Leben getreten, tritt er, wenn er die Möglichkeit dazu hat, auch.

Die Amelie, die hat es nicht mehr aushalten können auf dem Hof. Weglaufen hat sie nicht können, da hat sie sich aufgehängt. Das arme Mädel. Im Stadel hat sie sich aufgehängt. Im Stadel, da wo sie jetzt den Danner und die Seinigen gefunden haben.

Seltsam ist das schon.

Der Danner hat hernach alles vertuscht und der Bürgermeister hat ihm geholfen.

Dem Pierre hatte die Amelie recht gut gefallen. Er hat ihr manchmal heimlich was zum Essen zugesteckt. Viel haben wir auch nicht entbehren können. Aber einen Kanten Brot, etwas Obst und Gemüse und ab und zu mal ein Stückchen Wurst. Das alles hat er ihr heimlich zugesteckt. Einmal, wie sie es fast gar nicht mehr hat aushalten können, hat sie dem Pierre von ihrem Bruder erzählt. Der würde sie bestimmt suchen, wenn der Krieg vorbei ist. Dem würde sie dann alles über den Danner erzählen. Würde ihm erzählen, wie schlecht sie von denen auf dem Hof behandelt worden ist und dass ihr der Alte ständig nachgestiegen ist, sie bedrängt hat. Sachen von ihr verlangt hätte, die sie dem Pierre gar nicht erzählen kann. Geweint hat sie und geweint, gar nicht mehr beruhigt hat sie sich. So hat es mir der Pierre erzählt.

Ich war mir damals nicht sicher, ob der Pierre auch alles richtig verstanden hat, denn der Pierre hat doch nur französisch und mehr schlecht als recht deutsch gesprochen.

Aber die Geschichte geht mir immer wieder im Kopf um, seit sie die Toten gefunden haben. Ausgerechnet im Stadel. Wer weiß, vielleicht ist ja doch der Amelie ihr Bruder gekommen und hat sich an dem Danner gerächt.

Da wäre er nicht der Erste. Es haben sich einige an ihren Peinigern gerächt. Hinter vorgehaltener Hand hört man davon immer wieder. Dreck am Stecken hatten hier heraußen auch genügend. Die schlechte Zeit hatte halt auch viele schlechte Leut.

Franz-Xaver Meier, *47 Jahre, Bürgermeister*

So gegen fünf Uhr ist der Hauer Hansl zu mir gekommen. Völlig außer Rand und Band war er.

Beim Danner habens alle erschlagen, hat er gerufen. Alle sinds mausetot. Immer wieder hat er gerufen: »Alle habens erschlagen. Alle sind tot.«

Ich solle sofort die Polizei anrufen. Was ich selbstverständlich umgehend gemacht habe.

Mit dem Hansl bin ich im Auto zum Anwesen der Familie Danner gefahren. Dort traf ich auf den Georg Hauer, den Vater vom Hansl, und den Johann Sterzer, sowie den Alois Huber, den zukünftigen Schwiegersohn vom Sterzer, der als Knecht bei ihm arbeitet.

Nach einer kurzen Unterredung mit den drei Anwesenden habe ich auf eine Besichtigung des Tatortes verzichtet.

Kurze Zeit später trafen bereits die Beamten der Polizei vor Ort ein und ich wähnte meine Anwesenheit nicht mehr als erforderlich. Mehr kann ich zur Aufklärung des schauerlichen Verbrechens nicht beitragen.

Natürlich war ich schockiert, das ist gar keine Frage. Aber es ist Aufgabe der zuständigen Behörde, in diesem Fall der Polizei und nicht meine eigene, das Vorgefallene aufzuklären.

Das, in fast denselben Worten, habe ich auch dem Journalisten der Zeitung erzählt.

Ach, fangen Sie doch jetzt nicht auch noch an mit der Geschichte über die Fremdarbeiterin. Darüber kann ich Ihnen gar nichts sagen. Die Unterlagen über diesen Vorfall gingen leider '45 verloren. Mein Amtsvorgänger könnte Ihnen da mehr erzählen, wenn er denn noch am Leben wäre.

Damals war ich in französischer Kriegsgefangenschaft.

Als im April '45 die Amerikaner kamen und uns befreiten, war ich noch nicht zu Hause. Die haben das Haus des damaligen Bürgermeisters und das Rathaus beschlagnahmt. Sie bezogen in diesen Häusern vorübergehend Quartier. Als sie wieder abzogen, waren die Häuser verwüstet.

Wie die Vandalen haben die gehaust. Im Garten schossen sie mit ihren Pistolen auf Porzellanteller. »Tap shooting« haben die das genannt. Das müssen Sie sich mal vorstellen. Nach ihrem Abzug war alles verwüstet oder unbrauchbar. Das wenige Brauchbare haben diese Herren mitgenommen.

Die meisten Unterlagen aus der Zeit vor dem Zusammenbruch waren somit vernichtet. Ein immenser Schaden ist uns dadurch entstanden. Wie Sie mir sicher glauben werden.

Ich kann Ihnen aus diesem Grunde nicht viel über die Vorgänge, die zum Tod der Fremdarbeiterin geführt haben, sagen.

Meines Wissens hat sich die Arbeiterin, die bei der Familie Danner dienstverpflichtet war, erhängt. Sie wurde hier im Ort beerdigt.

Fremdarbeiter gab es überall. Auch in Frankreich wurden wir Kriegsgefangene zur Arbeit eingesetzt.

Meinen Sie, wir sind immer gut behandelt worden? Ich habe mich ja auch nicht erhängt.

Ich verstehe auch gar nicht, was das mit dem abscheulichen Verbrechen an der Familie Danner zu tun haben soll. Das ist doch ein Versuch, alte Geschichten wieder aufzufrischen. Wissen Sie, es gibt Leute, die können diese Geschichten nicht ruhen lassen. Der Krieg ist seit zehn Jahren vorbei. Lassen wir doch diese Geschichten ein für alle Mal ruhen. Die Zeit war damals schlimm genug.

Alle haben wir gelitten. Jeder hat sein Schicksal zu tragen, aber die Erde dreht sich weiter. Die Zeiten ändern sich. Es bringt nichts, darüber nachzudenken, was wäre wenn. Nichts bringt das.

Natürlich gab es Ungerechtigkeiten, natürlich gab es Momente der Verzweiflung. Jeder von uns hat sie doch erlebt. Aber der Krieg ist vorbei. Seit fast zehn Jahren vorbei und wir sollten anfangen zu vergessen.

Ich war selbst in Kriegsgefangenschaft. Sie können mir glauben, es war nicht einfach. Ich hatte Glück und konnte bereits kurz nach Ende des Krieges zurückkehren. Andere hatten nicht so viel Glück, aber was soll das? Was vorbei ist, ist vorbei.

Es gibt doch noch genügend andere Probleme. Langsam geht es bergauf. Lesen Sie keine Zeitung?

Sehen Sie sich die Weltlage doch an. Im Augenblick hat sich nach Beendigung des Koreakrieges die Lage zwar wieder etwas entspannt. Unsere Angst vor einem neuen Krieg ist für diesen Augenblick gebannt. Ich sage Ihnen, die Kommunisten in Russland werden nicht ruhen. Sie glauben doch nicht, dass dieser Chruschtschow besser ist als sein Vorgänger!

Gut, die letzten Kriegsgefangenen kehren nun heim. Endlich, nach fast zehn Jahren, aber das ändert nichts, gar nichts an der latenten Gefahr, die vom Osten ausgeht. Aus diesem Grunde war es für uns so wichtig, die Pariser Verträge zu unterzeichnen.

Wir müssen einen Gegenpol bilden. Auch und gerade weil die Welt sich nach dem Krieg gewandelt hat.

Dieses Kapitel ist doch, so möchte ich meinen, nun endgültig ad acta gelegt.

Laufen Sie doch nicht jedem Tratsch hinterher. Ich kann mir schon denken, aus welcher Ecke Sie davon gehört haben.

Ob das Verhalten eben jener immer so einwandfrei war, dass sie mit dem Finger auf andere zeigen können? Ich möchte das nicht beurteilen, aber man hört ja so einiges.

Wenn der Mann im Feld ist und sein Heimatland verteidigt, fällt ihm die eigene Frau in den Rücken und hat ein Verhältnis mit einem Franzosen. Er hält seinen Kopf für das Vaterland hin und sie fraternisiert mit dem Feind.

Feind bleibt stets Feind, hieß es schon damals und die Richtigkeit gerade dieser Aussage ist nicht immer von der Hand zu weisen.

Hören Sie mir doch auf. Da werden ehrbare Mitbürger angeschwärzt und eine ganze Dorfgemeinschaft in Mitleidenschaft gezogen. Nur weil eine polnische Halbjüdin sich aufgehängt hat. Das Mädel wird halt labil gewesen sein.

Jetzt nach so langer Zeit einen Zusammenhang zu konstruieren, finde ich mehr als befremdlich. So was bringt niemanden weiter. Halten wir uns doch lieber an die Tatsachen. Spekulationen, egal in welche Richtung, bringen nichts.

Gerade bei so einer verabscheuungswürdigen Tat, wenn Sie mich jetzt entschuldigen würden ...

Oh König der Herrlichkeit,
Oh Gottessohn, Jesus Christus,
Oh Du Lamm Gottes, das Du hinwegnimmst die Sünden
   der Welt,
gib ihnen Ruhe!
Oh Du Lamm Gottes, das Du hinwegnimmst die Sünden
   der Welt,
gib ihnen Ruhe!
Oh Du Lamm Gottes, das Du hinwegnimmst die Sünden
   der Welt,
gib ihnen die ewige Ruhe!

Anna Hierl, 24 Jahre, vormals Magd auf dem Dannerhof

Kommen hab ich es sehen. Überrascht? Nein, überrascht war ich nicht. Erschüttert ja, ich habe sie ja alle gekannt und eine Zeit lang mit ihnen unter einem Dach gelebt. Aber überrascht, nein, überrascht hat mich das nicht. Irgendwie habe ich immer mit so etwas gerechnet.

Wissen Sie, der alte Danner hat gerne Herumtreiber als Erntehelfer beschäftigt.

Warum? Na, denen hat er halt weniger gezahlt. Ist doch ganz einfach. Einer, der was auf dem Kerbholz hat und der nicht gerne gemeldet ist bei der Polizei, dem kann man auch weniger zahlen.

So einer, der ist manchmal froh, wenn er ein Dach über dem Kopf hat und was Warmes zum Essen. Und der Danner war froh, weil er dann fast nichts hat zahlen müssen. So war er halt, der alte Danner. Bauernschlau und geizig.

Solch einem Tagedieb und Streuner hat der Alte auch schon mal den ganzen Hof gezeigt. Was ich nicht verstehen kann. Herumgeführt hat er den. Wie ein Hahn ist er stolziert, mit herausgestreckter Brust und aufrechtem Gang, als hätte er einen Stock verschluckt.

Mit diesen Vagabunden ist er durch Haus und Hof.

Alle Maschinen hat er ihnen gezeigt und man braucht sich nicht wundern, wenn so einer nach ein paar Tagen verschwindet und gleich noch was vom Hausstand mitgehen lässt.

Ich hab meine Kammer immer abgesperrt, wenn wieder so ein Galgenstrick auf dem Hof war.

Einmal war einer auf dem Hof. Karl hat der, glaube ich, geheißen. Karl, da bin ich mir sicher. Nachnamen hat keiner von diesen Brüdern gerne genannt.

Kann sich ein jeder selber denken, warum.

Der Karl, der hat dem Alten beim Holz machen im Wald geholfen.

Gleich nach dem großen Unwetter im Juli letzten Jahres war das.

Die vom Sturm umgeknickten Bäume habens rausgeholt. Keine leichte Arbeit. Ist schon so mancher von einem Baum erschlagen worden oder hat ein Bein verloren. Die Bäume liegen nach so einem Wetter oft kreuz und quer. Manche stehen so unter Spannung, die »springen« beim Fällen richtig.

Nach einer knappen Woche war der Karl weg. Spurlos verschwunden und ein paar Hühner, Kleider und Schuhe waren auch gleich mit weg.

Wie im Spätjahr einer hat auf dem Hof einbrechen wollen, da hat's mir gereicht. Ich habe mir eine neue Stelle gesucht.

Was damals los war? Ich war an dem Tag nicht auf dem Hof, die Barbara, dem Danner seine Tochter, hat es mir am nächsten Tag erzählt. Ich war drüben bei meiner Tante in Endlfeld. Einen Krankenbesuch machen.

An einem Sonntag war's, das muss sich einer mal vorstellen, an einem Sonntag. Während gottesfürchtige Leut in der Kirche sind. An dem Sonntag gleich nach dem Kirchgang bin ich zu meiner Tante. Die Spanglerin und ihre Familie, die sind nach der Kirche auf den Friedhof und danach heim.

Wie sie zur Haustüre rein wollen, sehen sie, dass einer versucht hat, die Haustüre aufzustemmen. Die Spuren von dem Einbruchsversuch konnte jeder deutlich an der Holztüre sehen, da waren überall Kratzspuren. Wie von einem Stemmeisen. Ein Wunder, dass der Lump die Tür nicht aufgebrochen hat.

Anscheinend ist der gestört worden und hat Fersengeld gegeben. Nichts wie auf und davon ist der.

Gewundert hat mich so was ja nicht, hat doch jeder von den Lumpen, die auf dem Hof gearbeitet haben, genau gewusst, dass bei dem Danner was zu holen war.

Nicht nur Hühner. Der hat immer einen Batzen Geld im Haus

gehabt. Das war ein offenes Geheimnis. Das hat jeder, der auf dem Hof gearbeitet hat, gewusst.

Also, wie ich bereits gesagt habe, mir hat es ab diesem Zeitpunkt auf dem Hof nicht mehr getaugt.
Ich hatte Angst, dass der Einbrecher es noch mal probiert und womöglich diesmal bei Nacht. Von solchen Sachen kann einer ja jeden Tag hören.
Der Hof, der liegt doch vollkommen alleine. Richtig einsam. Im Winter wollte ich darum unter gar keinen Umständen mehr bei denen da draußen sein. Dann dämmert es um halb vier und um vier Uhr ist es finster. Da sieht und hört keiner was. So hab ich meine Siebensachen zusammengepackt und bin gegangen. Eine neue Stelle hab ich gleich wieder gefunden.
Wäre ich damals nicht von dort weg, wer weiß, dann könnt es leicht sein, dass ich jetzt auch tot wäre. Nein danke. Ich will schon noch eine Zeit lang weiterleben, dafür leb ich viel zu gern.
Auskommen hat man mit dem Danner und seiner Familie schon können. Ich kenn schon die Gerüchte. Ein Eigenbrötler war er. Sagen die Leute. Er und seine ganze Familie.
Mag schon sein, aber ich bin mit denen zurechtgekommen. Ich habe meine Arbeit gemacht und an meinen freien Tagen bin ich zum Tanzen oder habe meine Verwandtschaft besucht.
Arbeit ist Arbeit. Arbeiten muss man überall. Die zahlen einem nicht fürs Faulenzen. Als Magd musst hinlangen können und ich mach die Arbeit gern. Wenn ich dann frei hab, schau ich, dass ich rauskomm.
Belästigt worden bin ich vom Danner nie. Ich hätte mir aber auch zu helfen gewusst, das können Sie mir schon glauben. Gefallen lassen tu ich mir nichts.
Wie das Verhältnis zwischen dem Danner und seiner Tochter, der Spanglerin, war?
Da höre ich schon, worauf Sie rauswollen.
Also ich kann nichts sagen, ich hab mich aber auch nicht dar-

um gekümmert und so lange war ich auch nicht auf dem Hof, nur vom Frühjahr zum Spätjahr.

Ob die Spanglerin bei ihrem Vater im Schlafzimmer geschlafen hat, wie hier einige behaupten? So was kann ich nicht beschwören.

Die Leute reden ja viel. Ich kann nur sagen, was ich gesehen habe. Und gesehen habe ich die zwei nur einmal im Stadel. Und das nicht gewiss.

Da bin ich rein und die sind im Heu gelegen. Grad wie ich in den Stadel hinein bin, ist die Barbara aufgesprungen. Gar nicht gesehen hätt ich's, wenn sie nicht hochgesprungen wäre.

Ich hab so getan, als ob ich nichts bemerkt hätte, und ich hab ja auch nichts gesehen. Nichts Genaues zumindest.

Wissen Sie, das ist doch nicht meine Sach. Bin ich der Pfarrer oder ein Richter? Was geht das mich an?

Der Barbara war das Ganze ziemlich peinlich und sie hat gesagt, wenn sie gewusst hätte, dass ich noch mal in den Stadel gehe, wäre sie nicht rausgegangen.

Ob ich glaub, dass die Kinder von ihrem Vater sind? Na, Sie fragen vielleicht Sachen!

Wenn ich ehrlich bin, ich glaub das schon, aber wissen kann ich das natürlich nicht. Ich bin ja nicht dabei gewesen. Aber mit eigenen Ohren habe ich gehört, wie der Danner zu dem Karl, dem Vagabunden, gesagt hat, seine Tochter, die braucht keinen Mann. Die hat ja ihn.

Weil der Karl nach dem Mann der Spanglerin gefragt hat. Wo denn der sei? Vielleicht hat sich der was ausgerechnet bei der Barbara. Da wäre der aber schön auf die Nase gefallen.

Sauber ausgeschaut hat sie, ja die Barbara, aber eine Stolze war sie auch. Die ist ganz nach ihrem Vater.

Die Tannöderin, die Mutter von der Spanglerin, die war sehr wortkarg.

Manche sagen mürrisch. Stimmt aber nicht. Verhärmt und vom Leben enttäuscht war die.

Sie hat sich nur um die Enkel gekümmert und gekocht hat sie. Am Abend ist sie immer in der Stube gesessen und hat ihr Gebetbuch in der Hand gehalten. Das war so ein ganz altes, schon ganz und gar abgegriffen. Mit dem in der Hand ist sie immer dagesessen und hat vor sich hingemurmelt.

Nur einmal, da hat die alte Dannerin mir erzählt, dass der Mann von ihrer Tochter ein rechter Hallodri war und nach Amerika ausgewandert ist.

Das Geld dafür hat er vom alten Danner bekommen. Ich weiß noch, wie verwundert ich darüber war, dass die Alte mir das erzählt hat, weil die doch sonst immer fast nichts gesagt hat.

Dagesessen ist sie und zu reden hats angefangen. Am Anfang hab ich gar nicht gemerkt, dass die mit mir spricht. So leise hats geredet, glaubt habe ich, die betet, und in die Augen schauen hats einem auch nicht können beim Reden.

Außer zu ihren Enkeln. Denen war sie eine recht liebevolle Großmutter. Die waren ihre einzige Freude, glaube ich. Die Marianne und der Josef.

Ein schönes Leben hat die mit ihrem Mann bestimmt nicht gehabt, das kann man schon sagen.

Die war um einiges älter als er und geheiratet hat der die bestimmt nur wegen dem Hof. Den hat nämlich die Alte gehabt und der Danner, der ist eingeheiratet. Manchmal glaube ich, sie hat sich vor ihm gefürchtet, denn einer kann doch nicht sein ganzes Leben den Mund halten. Die muss sich vor ihrem Mann gefürchtet haben, so grantig wie der immer war. An manchen Tagen hat der kein gutes Wort für seine Frau übrig gehabt. Angeschnauzt hat der die, und sie, immer gekuscht hats. Nicht einmal hat die die Stimme gegen ihn erhoben, nicht einmal. Selbst wie er ihr damals das Essen über den Boden geschleudert hat, bloß weil ihm ihre »ewige Beterei« auf die Nerven gegangen ist. Mit seinem Arm hat er den Tiegel vom Tisch gefegt, dass das Essen quer durch den Raum gespritzt ist. Dagestanden ist sie, die Dannerin, und hat ohne ein Wort alles aufgewischt.

Wie ein geprügelter Hund ist die dagestanden. Die Barbara hat ihr dabei zugesehen. Ich hätt mir das nicht gefallen lassen.

Sie wollen jetzt bestimmt auch noch die Geschichte mit dem Hauer hören. Hab ich Recht? Hab ich mir doch gleich gedacht, dass ich Sie richtig einschätze.

Tja, der Hauer, das ist der nächste Nachbar. Dem sein Hof, den kann man sehen, wenn man aus dem Dachfenster schaut. Ja, da können sie rüberschauen zum Anwesen vom Hauer. Drüben auf der anderen Seite von den Wiesen liegt der Hof. Ein schönes Anwesen ist das.

Zu Fuß, wenn man schnell geht, zehn Minuten, denke ich. Ich habe es nicht gemessen.

Wie gesagt, vom Giebelfenster aus kann man es sehen, aber nur vom Giebelfenster aus, sonst nicht.

Der Hauer, der war hinter der Barbara her. Nachgelaufen ist der der. Der kleine Bub soll ja von ihm sein. Zumindest hat der den Vater gemacht.

Na, als Vater hat er sich eintragen lassen beim Standesamt, in das Geburtsregister.

Der Mann von der Spanglerin ist doch gleich nach der Hochzeit weg. Da war die Marianne noch gar nicht auf der Welt. Das hat mir der Hauer erzählt. Bei Nacht und Nebel soll der verschwunden sein. Von heute auf morgen.

So hat es zumindest der Hauer erzählt, auf dem Hof hat keiner darüber gesprochen.

Vor drei Jahren ist dem Hauer seine Frau gestorben. Ziemlich lang war sie ganz malade dagelegen. Hat er mir selber erzählt und von den Leuten aus dem Dorf hab ich es auch gehört.

Krebs soll sie gehabt haben und recht lange hat sie leiden müssen.

Kaum war seine Frau tot, da hat der Hauer mit der Spanglerin ein Verhältnis angefangen. Zuerst sei sie ganz vernarrt in ihn gewesen und sie habe sich ihm, kurz nachdem seine Frau gestorben war, richtig aufgedrängt.

Ob das stimmt, weiß ich nicht. Der Hauer macht auf mich nicht den Eindruck, als ob der ein Kostverächter wäre.

Aber ich sag ja nur, was er mir selbst erzählt hat. Der Hauer kann ein ziemlicher Schwätzer sein, wenn der ein Bier zu viel hat.

Die Barbara muss gleich danach schwanger geworden sein. Gleich nach der Geburt von dem Bub, dem kleinen Josef, wollte sie auf einmal nichts mehr von ihm wissen. Den Vater hat er bloß machen sollen, danach hat sie ihn abblitzen lassen, hat er mir so zumindest erzählt. Anzeigen wollte er die Barbara und ihren Vater, damit das Verhältnis der beiden ans Tageslicht käme. Dass das eine Todsünde sei, wider die Natur und diese ganze Leier.

Aber da hatte der Hauer schon ganz schön einen sitzen, wie er die Geschichte erzählt hat. An Kirchweih war's. Da hat er mir den ganzen Auf und Nieder erzählt.

Ich hab dem ganzen Palaver gar nicht richtig zugehört und verstanden hab ich das meiste auch nicht, so betrunken wie der war.

Mit eigenen Augen habe ich nur gesehen, dass der alte Danner seine Tochter einmal vor dem Hauer verleugnet bzw. versteckt hat. Sie wäre nicht da, hat er gesagt. Obwohl sie in der Kammer saß.

Wollen Sie Genaueres wissen, müssen Sie schon mit dem Hauer selber reden. Ich will dazu nichts weiter sagen, da kommt einer sonst nur in lauter Ratsch und Tratsch.

So, ich gehe jetzt wieder an meine Arbeit, wenn Sie keine Fragen mehr haben. Wie ich schon gesagt habe, fürs Faulenzen wird man nicht bezahlt.

Es ist Abend geworden. Alle im Haus sind bereits zu Bett gegangen.

Der Hansl, sein Sohn, die Anna, seine Schwägerin. Vor nunmehr sechs Jahren kam sie, die Anna, ins Haus. Damals, als bereits die ersten Anzeichen der Krankheit bei seiner Frau sichtbar wurden und sie nicht mehr in der Lage war, sich um Haus und Hof zu kümmern. Langsam, Schritt für Schritt übernahm sie die Haushaltsführung, kümmerte sich um den Hansl, als wäre es ihr eigener Sohn.

Sie pflegte seine Frau, als sie schwer krank, oben im Bett, im Schlafzimmer lag. Bis zu ihrem Tod pflegte seine Schwägerin Anna seine Frau, ihre Schwester, aufopfernd. Hat sie am Morgen gewaschen, sie gefüttert. Umsorgte sie den ganzen Tag. Stand ihr bei. Als das Ende schon absehbar war. Als der Anblick ihres Leidens für ihn schon unerträglich geworden war, zog sie an seiner Statt in das gemeinsame Schlafzimmer ein. Um auch nachts bei ihr zu sein, ihr Leiden zu lindern, ihr Trost zu spenden.

Zu diesem Zeitpunkt ist es ihm bereits nicht mehr möglich gewesen, seiner Frau nahe zu sein. Ihr Siechen schreckte ihn ab, er konnte ihr nicht helfen, konnte ihr nicht beistehen. Wie es seine Pflicht gewesen wäre. »In guten wie in schlechten Tagen.«

Er ertappte sich dabei, sich zu wünschen, das Leiden möge endlich ein Ende haben. Er sehnte sich ihren Tod herbei. Er war ihren Anblick leid, ihr Martyrium. Er konnte den Geruch der Krankheit und des Todes, der sie süßlich wie einen Mantel umhüllte, nicht mehr ertragen. Ihre Gestalt, abgemagert, ausgezehrt, nicht mehr sehen.

Sooft es ihm möglich war, verließ er das Haus. Selbst am Tag ihres Todes ist er den ganzen Tag außer Haus gewesen. Hat sich herumgetrieben, auch wenn er mit seiner Arbeit bereits fertig war. War durch den Wald gestreift, brachte Ewigkeiten auf einem Stein sitzend zu. Alles ist ihm Recht gewesen, nur in sein Haus wollte er nicht zurückkehren. Wollte die Enge nicht spüren, die Begrenztheit des Lebens, seine Endlichkeit nicht sehen.

Als die Anna ihm die Nachricht brachte, war er erleichtert. Keine Trauer war in ihm, er war froh. Ein Stein, der auf seiner Brust lag, war ihm genommen. Er konnte wieder zu leben beginnen. Er fühlte sich frei. Frei wie ein Vogel.

Keiner hätte ihn verstanden.

Der erste Trauermonat war noch nicht zu Ende, als sein Verhältnis mit Barbara begann, er zeigte keinerlei Scham oder Schuldgefühl. Er war ja frei. Zum ersten und vielleicht einzigen Mal in seinem Leben fühlte er sich frei.

Zuerst erstaunte ihn ihr Interesse an ihm. Er zweifelte an der Aufrichtigkeit ihrer Gefühle zu ihm. Die Bereitwilligkeit, mit der sie sich ihm jedoch hingab, zerstreute den Zweifel in seiner Brust. Ja, steigerte sein Verlangen nach ihr, nach ihrem Körper nur noch mehr.

Ein Körper, frei vom Odem des Todes, des Siechens. Ein Körper, eingehüllt noch in den Geruch des Lebens, ein Körper voll Gier nach Leben. Hemmungslos, lüstern gab er diesem Drang, dieser Leidenschaft nach.

Mochten alle anderen sein Verhalten anstößig und unmoralisch finden. Er hatte bei Barbara gefunden, was ihm bisher in seinem Leben verwehrt geblieben war. Nicht nur in den letzten Jahren seiner Ehe.

Diese seine Ehe war immer mehr ein Zweckbündnis unter Gleichgesinnten gewesen. Eine arrangierte Hochzeit, üblich unter Bauern. »Die Liebe kommt mit den Jahren, Hauptsache, wir halten ›unser Sach‹ zusammen.«

Nach einem kurzen Augenblick der Angst vor der Begierde, die er in Barbaras Nähe spürte, lebte er seine Wollust ohne Rücksichtnahme aus.

Als ihm Barbara schließlich ihre Schwangerschaft eingestand, war er glücklich über diesen Zustand. Erst allmählich wuchs in ihm der Zweifel.

Ihr Verhalten zu ihm änderte sich. Sie verweigerte sich ihm immer öfter. Ihre Leidenschaft für ihn wich einer immer unverhohleneren Verachtung. Kam er auf den Hof, um sich mit ihr auszusprechen, ließ sie sich verleugnen.

Er jedoch konnte nicht mehr zurück, hatte sich verändert. Hatte sich in eine nie zuvor gekannte Abhängigkeit begeben, in einen Rausch.

Er kannte das Gerede im Ort. Trotzig hatte er jedem gesagt, ob der es hören wollte oder nicht, dass der Bub sein Bub sei. Sein Josef. Hatte sich eintragen lassen auf dem Standesamt. Er war der Kindsvater, daran hielt er sich fest, wie ein Ertrinkender an dem Seil, das man ihm zuwirft.

Der Josef war sein Junge und sein Bub war tot. Erschlagen. Er konnte den Anblick des Kindes nicht vergessen. Ständig sah er das tote Kind vor sich, mit geschlossenen und mit offenen Augen. Das Bild wich weder Tag noch Nacht von seiner Seite.

I

Anna Meier, *Kramerin, 55 Jahre*

Das Elend da draußen ist einfach furchtbar.
Bei uns im Ort geht seitdem die Angst um. Ein jeder hat Angst.
Wer kann so etwas nur machen.
Wer kann einfach hergehen und die Leute im eigenen Haus erschlagen. Und was das Schlimmste ist, die kleinen Kinder auch
noch mit. Der kann doch nur närrisch sein, der, der so was
macht. Total verrückt. So was macht doch kein gesunder
Mensch. Nein, so was macht kein Gesunder.
Bei der Beerdigung war der ganze Friedhof voll mit Menschen.
Ich hab noch nie so viele Menschen auf einer Beerdigung ge-
sehen. Von überall her sind sie gekommen. Viele der Gesichter
hab ich gar nicht gekannt und kenn doch durch mein Geschäft
jeden hier im Umkreis. Die kaufen doch alle bei mir ein. Aber
da waren Leute bei der Beerdigung am Friedhof, die habe ich
mein ganzes Leben noch nicht gesehen.
Die waren nicht aus unserer Gegend, wie zur Dult oder zum
Volksfest sinds gekommen. Und geschaut habens und gegafft.
Weil's doch in der Zeitung gestanden ist, das mit dem »Mordhof«.
»Mordhof« ist in der Zeitung gestanden. Der von der Zeitung
war sogar bei mir im Laden und wollte mich ausfragen. Im
ganzen Ort ist der rum. Anschließend hat er diese furchtbare
Geschichte von dem »Mordhof« geschrieben. Die Leute sind
bis aus der Stadt raus zu uns auf den Friedhof. Furchtbar. Einfach schrecklich.

Wann ich die Spangler Barbara das letzte Mal gesehen habe?
Warten Sie, gesehen habe ich sie genau eine Woche vor ihrem
Tod. Am Freitag. Sie war bei uns im Geschäft und hat ein paar
Kleinigkeiten eingekauft. Bei der Gelegenheit habe ich sie noch

gefragt, ob sie schon eine neue Magd hätten, denn ich wüsste eine ganz fleißige für sie.

Die kann gleich an Josephi bei uns anfangen, kannst ihr ausrichten, hat die Barbara noch gemeint.

Der Traudl Krieger hab ich dann auch so Bescheid gegeben.

Ich mach mir noch solche Vorwürfe, aber ich hab doch nicht wissen können, dass in der Nacht alle auf dem Hof erschlagen werden.

Heutzutage ist es nicht mehr einfach, eine zuverlässige Magd zu finden. Es ist nicht mehr wie noch vor dem Krieg.

Die jungen Mädchen wollen jetzt alle in die Stadt, in die Fabrik. Die wollen nicht mehr hier auf dem Dorf zu einem Bauern in Stellung. In der Fabrik verdienen die ja auch viel mehr als in der Landwirtschaft. Und dreckig machen sie sich auch nicht so. Es ist nicht mehr wie früher.

Die Barbara hat ihre Sachen gekauft und ist dann wieder aus dem Laden raus. Alles war wie immer.

Von einem Einbruch auf dem Hof? Nein, da weiß ich wirklich nichts. Einmal ja, im Herbst, da hat mir die Barbara erzählt, dass auf den Hof einer einbrechen hätte wollen. Aber das ist schon länger her. Gestohlen, hats damals gesagt, ist nichts worden.

Das war doch der Grund, weshalb die Anna weg ist. Die Anna war die Magd, die früher auf dem Hof war. Über den Winter haben sie sich so beholfen, ohne Magd. Im Winter ist weniger zu tun auf so einem Hof. Ab und an hat bei ihnen mal einer ausgeholfen, hat mir die Barbara noch erzählt.

Ich hab aber nicht nachgefragt, wer das war. Bei denen waren öfter mal Fremde auf dem Hof. Die sind dann meist nach kurzer Zeit wieder weg.

Gemeldet waren die bestimmt nicht.

Ich hab die Barbara gemocht und über die Geschichten, die man sich erzählt, weiß ich nichts. Die gehen mich nichts an. Da hätte ich viel zu tun, was meinens, was mir die Leute den ganzen Tag erzählen?

Bücher könnt ich schreiben, ganze Bücher. Mich geht das alles nichts an.

Die Geschichte über die Barbara und ihren Vater, da wird viel geredet, aber keiner weiß was Genaues.

Ist ja auch keiner dabei gewesen.

Wie die den kleinen Bub gekriegt hat. Was glauben Sie, wie da einigen bei uns im Dorf das Mundwerk gegangen ist. Da war was los.

Als bekannt wurde, der Hauer ist der Vater von dem Kleinen, da ging's erst richtig los. Schlampe und Hure waren da noch die netteren Sachen, die über die Barbara gesagt wurden.

Ich hör mir den Ratsch an und dann vergesse ich ihn wieder. Ins eine Ohr rein, aus dem anderen raus.

An den Vinzenz, der Barbara ihren Mann, kann ich mich schon noch erinnern. Der war nichts für die Landwirtschaft. Der nicht. Der hat's auch gar nicht lange bei denen am Hof ausgehalten. Wenns mich fragen, dann hat der für diese Arbeit zwei linke Hände gehabt und war damit beim Tannöder an genau der falschen Stelle.

Man kann alles Mögliche über den Danner sagen, aber gearbeitet hat der. Der war ein richtiger Bauer, der hat sei Sach zusammengehalten, wenn er auch ein rechter Sonderling war.

Ich glaub, der hat da ein bisserl nachgeholfen, damit er den Vinzenz wieder losgeworden ist. Ausbezahlt soll er ihn haben, aber das sind dann wieder Gerüchte.

Faktum ist, der Vinzenz war von heut auf morgen weg. Die einen sagen, nach Amerika sei er ausgewandert. Aber das glaube ich nicht. Der wird halt wieder rüber sein. Der war doch von drüben. Ein Flüchtling. '45 gleich nach dem Krieg ist der gekommen. Einquartiert habens ihn beim Danner auf dem Hof.

Aber geblieben ist der kaum ein Jahr. Der war nichts für einen Bauernhof, der nicht.

Dass alles so enden musste, ist abscheulich. Abscheulich. Den ganzen Tag denke ich dran. Nicht aus dem Kopf will es mir, wer kann nur so etwas machen, frage ich Sie. Was ist das für ein Mensch? Ach was, Mensch, ein Vieh ist das.

I

OPFER DES MORDHOFES VON TANNÖD BEIGESETZT
ZU TÄTERN UND MOTIV WEITERHIN KEIN HINWEIS

Einhausen/Opf.- Unter großer Anteilnahme der Bevölkerung
wurden am Montag die in der Einöde Tannöd, Gemeinde Einhausen, ermordet aufgefundenen Mitglieder der Familie Danner beigesetzt.

Die Tat habe quälende Fragen aufgeworfen, sagte Pfarrer
Hans-Georg Meißner bei der Trauerfeier vor mehr als 400
Gästen.

»Wir bleiben zurück in Schmerz und Trauer. Wir stehen fas-
sungslos über diese ruchlose Tat am offenen Grabe.«

Wie bereits berichtet, wurden am vergangenen Dienstag die
Leichen des Landwirts Hermann Danner sowie seiner Frau
Theresia, seiner Tochter Barbara Spangler, deren Kinder Marianne und Josef und die der als Magd auf dem Anwesen be-
schäftigten Maria Meiler aufgefunden.

Alle Personen starben laut vorliegendem Obduktionsbericht
durch massive Gewalteinwirkung im Kopfbereich, vermutlich
benützten der oder die Täter als Waffe eine am Tatort aufge-
fundene Spitzhacke.

Die Art der Verletzungen lässt dies laut Stellungnahme der zuständigen Polizei vermuten. Die ermittelnden Beamten vor Ort
zeigten sich von der Brutalität, mit der die Schläge ausgeführt
wurden, erschüttert.

Die Leichen des Ehepaares Danner sowie ihrer Tochter Barbara und der Enkeltochter Marianne wurden von Nachbarn im
Stadel des Anwesens, unter einem Strohhaufen verborgen, ent-
deckt.

Die Leichen der weiteren auf dem Hof ermordeten Personen
wurden im Wohnhaus aufgefunden.

Die Familie lebte zurückgezogen auf dem Anwesen. Maria

Meiler hatte ihre Arbeitsstelle als Magd auf dem Anwesen erst vor kurzem angetreten.

Laut Angaben der zuständigen Polizeidienststelle wurden die oben genannten Personen vermutlich in der Nacht vom 18.03. auf den 19.03. ermordet. Diese Vermutung bestätigte auch der vorliegende Obduktionsbericht.

Bei der ermordeten Barbara Spangler fanden sich zudem Würgespuren am Hals.

Es ist nicht auszuschließen, dass es sich bei der Tat um einen Raubmord handelt.

Laut Angaben der Nachbarn war die zurückgezogen lebende Familie nicht unvermögend.

Es sollen sich größere Mengen Bargeld, Schmuck und Wertpapiere im Haus befunden haben.

Angeblich wurden die Schränke im Schlafzimmer des Hauses durchwühlt.

Von den Tätern fehlt jedoch jede Spur.

Maria Lichtl, 63 Jahre, Pfarrersköchin

Wenns mich fragen, der Teufel hats geholt. Ja der Deifel, der
hats geholt die ganze Sippschaft.
Der Herr Pfarrer glaubt's mir nicht. Der sagt, ich soll nicht so
gottlos daherreden. Aber es stimmt, die Wahrheit ist's und die
darf man sagen.
Seit dreißig Jahren bin ich hier die Pfarrköchin. Seit dreißig Jahren mach ich den Herren Hochwürden immer den Haushalt. Sogar bei unserem alten Pfarrherrn, dem Herrn Pfarrer Rauch, war
ich schon Köchin und hab den Haushalt gemacht. Immer zufrieden warens mit mir, die Herren Hochwürden.
Ich hab schon einiges gesehen, des könnens mir ruhig glauben. Und deshalb sag ich ihnen, diese Sippschaft da draußen
ist vom Luzifer geholt worden. Auch wenn Hochwürden des
nicht gerne hört.
Gesehen hab ich den sogar, den Verderber, den Höllenfürst.
Wie ich von meiner Schwester kommen bin. Die wohnt in Scha-
mau, da geht der Weg ab nach Tannöd.
Da, genau da, hab ich ihn gesehen. Am Waldrand ist er gestanden und hat rübergeschaut nach dem Ödhof vom Danner. Ganz
schwarz war er, mit Hut und Feder auf dem Kopf. So schaut
nur einer aus, des war er, der Teufel. So kann nur der aus-
schauen, sag ich Ihnen, und wie ich mich noch mal umgewen-
det hab, da war er verschwunden. Verschluckt vom Erdboden.
Wundern braucht's einen ja nicht, bei dem verruchten Treiben
da draußen.
Hörens mir doch auf, wenn's der Vater mit der Tochter hat und
alles geht drunter und drüber.
Und das Gesindel, das der immer am Hof gehabt hat. Da
braucht's einen nicht wundern, wenn er kommt, der Beelzebub
und nimmt alle mit.

Vaganten und Verbrecher, Lumpenpack hat der doch auf sein Hof gehabt. Alles lichtscheues Gesindel.

Sein »feiner Herr Schwiegersohn« ist auch verschwunden, bei Nacht und Nebel.

Den wird der Teufel zuerst geholt haben. Drüben in Amerika soll er sein, der »feine Herr«.

Dass ich net lach! Zur Legion ist der bestimmt. Da gehen doch alle hin, die Spitzbuben.

Auszahlt hat den der Alte. Sagens alle im Dorf und danach ist der ab zum Franzosen.

In die Legion ist der doch bestimmt gangen, der Lump. Wie alle Lumpen. Wenn den der Teufel noch nicht geholt hat, so holt der Höllenfürst den bestimmt auch bald.

Mit an Brief wars beim Pfarrer, die Barbara.

Mit an Brief von den Franzosen. Nein, gesehen hab ich ihn nicht, den Brief.

Aber den Herrn Pfarrer hat sie sprechen wollen und dann hats ihm zum Dank noch eine Spende für die Kirch da lassen.

Das Kuvert, das hab ich liegen sehen, mit eigenen Augen hab ich's liegen sehen.

An Ablass von ihren Sünden hat sie sich bestimmt kaufen wollen. Das schlechte Gewissen hats druckt. Wie die Trud ist's auf ihr gehockt. Aber zu spät war's, der ewige Verderber hats schon geholt.

Eine »ganz eine Stolze« war des immer und ihrer Vater dazu. Geredet habens mit keinem, der ihnen nicht zur Nasen gestanden ist. Mich wundert's, wenn die am Sonntag in die Kirch sind, dass sich da nicht die Heiligen abgewendet haben.

Der kleine Bub von ihr, der war doch auch von ihrem Vater. Des weiß doch ein jeder am Ort. Der Hauer, »der Depp«, hat sich doch zahlen lassen dafür, dass er den Kindsvater macht. Aber sagen, oh nein, sagen darf man so was ja nicht.

Der Herr Pfarrer verschließt vor diesen Sachen gerne seine Augen und Ohren.

So sind sie halt, die Herren Hochwürden, glauben immer nur an das Gute in den Menschen. Ist nichts als wie Hurerei um sie rum, das nimmer schlimmer geht.

Alle Todsünden hat der Alte auf seinem Gewissen, alle.

Geschachert hat der gleich nach dem Krieg und davor auch schon.

Zuerst war er ein ganz Hundertprozentiger und nachher hat er es auf einmal mit dem Ami gehabt.

Der hat's mit alle können, die ihm was bracht haben.

Ich möcht nicht wissen, was der alles auf dem Kerbholz hat. Schlafen könnt ich nimmer, wenn ich des alles wüsst.

Hinter sein Schwiegersohn, da waren doch auch die Gendarm her. Verschoben soll der irgendwas haben und dann war der weg. Sonst hätte der doch nicht weg müssen, zwischen »Finster und Siegstmined«.

Ich sag's noch mal, und immer wieder sag ich's, der Teufel hat die Sippschaft geholt.

Gewittert hat's doch auch in der Nacht vom Freitag auf den Samstag.

Der Freitag ist ein guter Tag für die schwarzen Leit und für die Trud und des ganze Volk. So mancher ist schon am Freitag verschwunden, noch dazu in einem solchen Haus, in dem sich schon einer umbracht hat.

Da gehens doch um, die armen Seelen und holen sich ihr Recht. Solche Geschichten hat mir schon meine Mutter verzählt und die weiß es von ihrer Mutter. Auf die Alten muss einer hören. Bei der Jungfrau Maria, maustot darf ich umfallen, wenn's nicht so ist, wie ich sag.

Hochwürden Herr Pfarrer Meißner, *63 Jahre*

Seit Kriegsende bin ich in dieser Gemeinde als Pfarrer tätig.
Das sind nun auch schon wieder fast zehn Jahre.
Aber so etwas, ein Mord, ist bei uns meines Wissens noch nie
passiert.
Viele Familien in der Gemeinde sind zutiefst verstört, verunsi-
chert. Einige verlassen nach Anbruch der Dämmerung ihre
Häuser nicht mehr. Das Gemeindeleben hat aufgehört zu
existieren. Jeder misstraut dem anderen. Es ist eine richtige
Tragödie.
Ein jeder hat doch geglaubt, die schlimmen Jahre liegen nun
endgültig hinter uns, das Leben ist langsam wieder in die richtigen Bahnen gelenkt worden. Bei uns im Ort sind mittlerweile alle wieder heimgekehrt. Das Leben hatte sich wieder normalisiert und nun dieser Mord. Plötzlich geht die Angst wieder
um, alles wird in Frage gestellt. Wir sehen, wie trügerisch der
normale Alltag sein kann. Aber lassen wir das.
Sie wollen mich sicher über die Familie Danner befragen. Die
Familie Danner. Wie die Danners waren. Tja, ich denke, die alte
Frau Danner, die war eine gute Christin. Eine einfache Frau, die
aber sehr gläubig war. Sie suchte oft Trost und fand ihn auch
im Gebet. Sie war sehr verschlossen und in letzter Zeit nahm
diese Verschlossenheit eher noch zu. Ich glaube, sie war bereits
am Ende ihrer Reise angekommen und bereitete sich innerlich
schon auf ein Leben nach dem Tode vor. Soweit ich das beurteilen kann, war sie zu ihren Enkeln liebevoll.
Ihr Mann war ein Patriarch im guten wie im schlechten Sinne
dieses Wortes. Sein Wort war innerhalb der Familie Gesetz.
Niemand konnte sich gegen ihn auflehnen, niemand. Niemand
konnte sich seinem Willen widersetzen. Ein gläubiger Mann
war er bestimmt, wenn auch auf eine, seine eigene Art. Er war

eher, würde ich sagen, ein Mann des Alten Testamentes. Hart zu sich, hart zu den Seinen.

Seine Tochter, die Barbara. Lange habe ich geglaubt, sie würde unter der Herrschaft ihres Vaters leiden. Aber ich bin mir nicht mehr sicher. Die Barbara war doch schon sehr von ihrem Vater geprägt. Ich glaube, die beiden hat eine Hassliebe verbunden.

Sie bewunderte ihren Vater auf der einen Seite. War ihm in ihrer schroffen Art auch oft sehr ähnlich.

Auf der anderen Seite kann ich mich des Gefühles nicht erwehren, dass sie ihn verabscheute. Richtig verabscheute.

Sie hat sich mir gegenüber nie geöffnet, obwohl ich es mehrmals versuchte. Aber die Art und Weise, wie sie ihn manchmal, wenn sie sich unbeobachtet wähnte, ansah. Die war für mich als Mann Gottes doch sehr befremdlich. In ihren Augen stand der Hass. Nicht die Liebe, nein, der Hass.

Als Pfarrer wird man ja mit allen Seiten des menschlichen Zusammenlebens konfrontiert und Sie können mir glauben, ich habe schon viel erlebt und gesehen, aber gerade in letzter Zeit sah ich die Abneigung, ja den Hass immer öfter in ihren Augen.

Die kleine Marianne war eine Träumerin, eine kleine Träumerin. Ich hatte sie in der Schule im Fach Religion unterrichtet. Sie war sehr still und verträumt. Ein hübsches Mädchen mit blonden Zöpfen. Ich finde es schier unerträglich, dass auch sie der Hand des Mörders zum Opfer fiel. Sie und der kleine Josef. Warum, frage ich mich, warum darf so etwas geschehen und die zwei unschuldigen Kinder werden Opfer einer solch frevelhaften Tat.

Gottes Mühlen mahlen langsam, ich glaube jedoch fest daran, dass diese Tat nicht ungesühnt bleiben kann. Wenn nicht hier und heute ein Urteil über den oder die Täter gefällt wird, so wird er oder die doch seiner oder ihrer gerechten Strafe nicht entgehen.

Ich bin fest der Meinung, es kann keiner aus unserer Mitte der Täter sein. Keinem meiner Gemeindemitglieder würde ich solch eine Tat zutrauen. Solch eine teuflische Tat kann doch kein rechtschaffener Christ verübt haben.

Was aus dem Mann der Barbara wurde? Meinen Sie den Vinzenz?

Das Gerücht geht um, er soll nach Amerika ausgewandert sein. Tatsache ist aber, er ist nicht mehr hier. Verschwunden von einem Tag auf den anderen. Der Vinzenz war einer jener Entwurzelten, die in den Wochen und Monaten nach Kriegsende auf der Suche nach einer neuen Heimat, einem Platz zum Leben, zum Überleben zu uns kamen.

Er fand Arbeit auf dem Hof der Familie Danner. Erst als die Barbara schwanger war, heiratete sie den Vinzenz.

Ich kann es zwar nicht gutheißen, aber gleich nach dem Zusammenbruch waren die Begriffe von Moral und Ordnung doch etwas durcheinander geraten. Nach diesem ungeheuren Inferno hatten die Menschen nicht nur Hunger nach Nahrung, nein, auch Hunger nach körperlicher Nähe.

Es war eine der ersten Trauungen, die ich in meiner neuen Pfarrei vollziehen durfte. Warum diese Verbindung nicht von Dauer war? Manchmal treffen in stürmischen Zeiten Menschen aufeinander, die unter anderen Bedingungen nie zusammengefunden hätten. Viele dieser Bindungen bleiben bestehen, trotz der Widrigkeiten des Alltags, andere zerbrechen an eben diesen.

Der Spangler Vinzenz war kein Bauer und konnte sich mit den Verhältnissen auf dem Hof nicht anfreunden. Vor allen Dingen war sein Verhältnis zum Schwiegervater sehr schwierig, also ging er.

Vor zwei Jahren nun wurde die Barbara erneut schwanger. Als Kindsvater vom kleinen Josef wurde der Georg Hauer ins Taufregister eingetragen. Ich möchte darüber den Stab nicht brechen.

In der Woche vor ihrem schrecklichen Tod kam die Barbara zu

mir ins Pfarrhaus. Sie wolle zur Beichte, sagte sie. Überlegte es sich jedoch noch im gleichen Augenblick anders. Sie wirkte fahrig, nervös. Etwas belastete ihr Gewissen. Ich forderte sie auf, ihr Gewissen zu erleichtern.

Daraufhin änderte sich ihre Stimmung, sie wurde trotzig, fast aufsässig. Es gebe nichts zu beichten. Sie müsse für nichts Abbitte leisten, sie habe nichts Unrechtes getan. Sie wandte sich zum Gehen. Ich hielt sie auf, da sie einen Briefumschlag hatte liegen lassen. Das könne ich haben, für die Kirche, oder für die bedürftigen Seelen.

»Machen Sie doch damit, was Sie wollen. Mir ist's egal.«

Sie verließ daraufhin hastig, ohne ein weiteres Wort das Haus. In dem Umschlag befanden sich 500 Mark. Ich habe ihn noch bei mir im Schreibtisch liegen.

Der Schweiß steht Barbara auf der Stirn. Trotz der Kälte, trotz des kalten Windes, der ihr entgegenbläst, schwitzt sie. Schnellen Schrittes hetzt sie den Weg zu ihrem Anwesen hinauf. Zu ihrem Anwesen. Der Vater hat ihr den Hof überschrieben. Sie ist ihr eigener Herr, ihr Herr.

Beim Pfarrer war sie. Zögernd war sie in sein Zimmer getreten. Sie suchte einen Vorwand. Wollte mit ihm sprechen, sich und ihrem Gewissen Erleichterung verschaffen.

Als sie dann vor dem Priester stand, wie ein Schulmädchen stand sie da, wollten die Worte, die sie sich vorher zurechtgelegt hatte, nicht über ihre Lippen. Hinter seinem Schreibtisch saß er.

Was sie zu ihm führt? Ob ihr etwas auf der Seele laste?

Dabei hatte er ein Lächeln um den Mund. Dieses allwissende, selbstgefällige Lächeln.

Seine Aufforderung, ihr Gewissen zu entlasten, und dazu dieses Lächeln, der Blick hatten genügt, ließen sie vollends verstummen.

Warum sollte sie dies tun.

Wollte dieser Mann ihr Richter sein? Richten über ihre Taten, über ihr Leben? Nein, sie wollte nicht mit ihm darüber sprechen. Wollte sich nicht von einem Mann die Absolution erteilen lassen. Welche Absolution, warum auch.

Sie hatte nichts Unrechtes getan. Ihr war Unrecht widerfahren. Seit ihrem zwölften Lebensjahr war ihr Unrecht widerfahren.

Lange Jahre hatte sie gegen ihr Schuldgefühl angekämpft, hatte immer getan, was von ihr verlangt wurde.

In der Schule wurde gelehrt, dass Eva Adam den Apfel gab und beide deshalb die Erbschuld trugen und aus dem Paradies vertrieben wurden.

Sie hatte niemanden aus dem Paradies vertrieben. Nein, sie war daraus vertrieben worden.

Noch heute sieht sie ihren Vater vor sich. Ihren Vater, den sie so geliebt hatte. Spürte seine Hände auf ihrem Körper, diese tastenden Hände.

Ganz steif war sie dagelegen. Unfähig, sich zu bewegen. Erstarrt. Hatte nicht gewagt zu atmen.

Die Augen fest geschlossen, war sie in ihrem Bett gelegen. Nicht glauben wollend, was mit ihr geschah. Der Atem des Vaters auf ihrem Gesicht. Sein Stöhnen in ihrem Ohr. Der Geruch des Schweißes.

Der Schmerz, der ihren Körper erfüllte. Sie hielt die Augen geschlossen, fest geschlossen. Solange sie nichts sah, konnte nichts geschehen.

»Geschehen kann nur, was ich auch sehe«, hatte sie sich gedacht.

Am anderen Morgen war ihr Vater wie immer. Wochenlang passierte nichts. Sie hatte das Geschehene schon fast vergessen. Hatte den Geruch ihres Vaters vergessen, den Geruch nach Schweiß, das Stöhnen, die Gier verdrängt. Alles lag hinter einem dichten Nebel.

Sie wollte immer eine »gute Tochter« sein. Nur eine »gute Tochter« wollte sie sein, Vater und Mutter ehren. Wie es der Pfarrer im Religionsunterricht von ihnen verlangte. Alles, was der Vater tat, war richtig. Er war das Zentrum ihres Lebens, der »Herrgott« auf dem Hof.

Nie hatte sie gesehen, dass einer ihm widersprach, sich ihm widersetzte. Die Mutter tat es nicht. Sie konnte es auch nicht tun. Mit der Zeit wurden die Abstände seines Kommens kürzer. Immer öfter drängte er sich des Nachts in ihr Bett.

Ihre Mutter schien nichts von alledem zu bemerken. So blieb sie stumm. Stumm wie sie immer gewesen war, solange sich Barbara erinnern konnte. Keiner bemerkte etwas.

Mit der Zeit gewann Barbara den Eindruck, dass das Handeln

ihres Vaters richtig und ihr Ekel vor ihm falsch war. Ihr Vater liebte sie doch, nur sie.

Sie wollte dankbar dafür sein, eine gute Tochter sein.

Wie in der Geschichte von Lot und seinen Töchtern. Lot, der geflohen war aus der Stadt Sodom und mit seinen Töchtern in die Wildnis gezogen war. Dort legte sich Lot zu seinen Töchtern und beide gebaren ihm Kinder.

So stand es doch in der Bibel. Warum, so fragte sich Barbara, sollte das, was bei Lot gottgefällig, bei ihr falsch sein. Sie war eine gute Tochter.

Zweimal gebar sie ihrem Vater ein Kind. Zweimal ließ sie sich dazu überreden, einen anderen Mann als Kindvater anzugeben. Der erste, der Vinzenz, kam gleich nach dem Krieg auf ihren Hof. Er kam als Flüchtling aus dem Osten, war froh über die Arbeit auf dem Hof und ein Dach über dem Kopf.

Es fiel ihr leicht, diesem Mann schöne Augen zu machen, und als sie ihm von ihrer Schwangerschaft erzählte, war er sofort bereit, sie zu heiraten. Er sah Hof und Geld.

Als ihr Mann kurz nach der Heirat, noch ehe Marianne geboren wurde, hinter die wahre Vaterschaft kam, drohte er, sie alle ins Gefängnis zu bringen. Ihr Vater gab ihm eine größere Menge Geld, mit diesem Geld könne Vinzenz in die Stadt gehen oder gar auswandern, hat er ihm gesagt.

Vinzenz willigte ein, ließ sich kaufen und verließ den Hof bei der ersten Gelegenheit.

Wo er geblieben ist? Sie weiß es nicht, es war ihr auch gleichgültig. Sie hatte durch den Handel einen Vater für ihr Kind.

Das Leben auf dem Hof ging weiter.

Als sie erneut schwanger wurde und diesmal kein Mann, der in den Augen der Öffentlichkeit die Vaterschaft übernehmen konnte, zur Stelle war, kam ihr Vater auf die Idee, dem Hauer das Kind anzuhängen.

Der Hauer war damals erst Witwer geworden. Für Barbara war

es eine Leichtigkeit, diesen Mann zu verführen. Der »alte Depp« nahm ihr die Geschichte mit der Leidenschaft sofort ab. Barbara musste laut lachen. Männer waren doch leicht hinters Licht zu führen.

Schwierig wurde es erst, als der Hauer auf eine Hochzeit drängte. Sie sollte den Vinzenz ausfindig machen und eine Scheidung beantragen. Oder ihn besser noch gleich für tot erklären lassen. Das könne man machen, er kenne »die Richtigen«, für ein Handgeld wäre alles möglich.

Ihre Ausflüchte wurden immer größer, bis es schließlich zum Bruch kam.

Keine Ruhe ließ ihr der Kerl. Nächtelang stand er vor dem Fenster ihrer Kammer. Klopfte, bettelte eingelassen zu werden.

Er lauerte Barbara sogar auf, bedrängte sie, sich erneut mit ihm einzulassen.

Barbara ekelte sich vor diesem Mann. Genauso wie sie sich immer vor ihrem Vater geekelt hatte. Je älter sie wurde, desto weniger wollte sie eine gute Tochter sein. Ihr Abscheu vor ihrem Vater und Männern insgesamt nahm immer mehr zu.

Sie waren alle gleich in ihrer Gier, in ihrer widerlichen Lüsternheit.

Mit den Jahren hatte sie gelernt, ihren Vater von sich abhängig zu machen. Sie liebt es, wenn er um eine Nacht bettelt, ja vor ihr auf den Knien liegt. Sie hat ihn in der Hand. Das Verhältnis hat sich gewandelt. Nun war sie am Zug.

Für seine verbotene Leidenschaft muss er zahlen. Mit dem Hof, er hat ihr den Hof überschrieben zu ihren Bedingungen. Sie hat ihm die Überschreibung diktiert. Er ist nun von ihr und ihrer Gunst abhängig.

Natürlich wollte sie mit der Spende Abbitte leisten. Sie wollte frei sein, auch frei von einer Sünde, die sie nie aus freien Stücken auf sich geladen hätte.

Die Zeit vergeht nur langsam. Im Schneckentempo verrinnen die Minuten, die Stunden.

Mich liegt immer noch auf der Lauer. Im Haus ist immer noch keine Ruhe eingekehrt.

Er wartet auf den Augenblick, in dem er zuschlagen kann. In Gedanken geht Mich noch einmal seinen Plan durch. Abwarten wollte er, bis das Haus ruhig daliegt, hinunterschleichen in den Stadel.

Der Trick mit dem roten Hahn. Er hat es schon öfter brennen lassen. Einfach war das.

Die Bewohner des Hauses liegen in ihren Betten. Im Stadel entzündet er ein Feuer.

Der Ruf »Feuer, Feuer!« würde genügen, den Danner und seine Familie hochschrecken zu lassen. Schlaftrunken würden sie aus dem Haus hinüberlaufen in den Stadel, um zu retten, was noch zu retten ist.

In der nun ausbrechenden Panik hätte er reichlich Zeit, in das Haus einzudringen. Die Bewohner würden damit beschäftigt sein, ihr Vieh vor den Flammen aus dem Stall zu holen. In dem entstehenden Chaos wird er die im Haus versteckte gesamte Barschaft mitnehmen. Die Bewohner des Hauses würden viel zu beschäftigt sein, das Feuer unter Kontrolle zu halten und die Nachbarschaft zu alarmieren.

Keiner könnte hinterher mehr sagen, wer den Brand zuerst bemerkte. Selbst seine Spuren würden mit dem Stadel in Flammen aufgehen, und noch ehe der Brand gelöscht war, wäre er bereits im Wald verschwunden.

Mich verlässt sein Versteck auf dem Dachboden. Der Zeitpunkt scheint gekommen. Im Haus ist es bereits seit geraumer Zeit ruhig geworden. Vorsichtig schleicht er sich vor zum Zwischenboden der Scheune. Zur Tenne. Er hält inne. Hört sein Herz schlagen, hört seinen Atem.

Unter ihm ein Rascheln. Wie ein Blitz durchfährt es ihn, unter ihm im Stadel ist einer. Warum hat er ihn nicht kommen sehen? Wie konnte ihm dieser Fehler unterlaufen? Es hat jetzt keinen Sinn, darüber nachzudenken. Der unten muss das Haus verlassen, ehe der Mich losschlagen kann.

Eine zweite Person kommt in den Stadel. Mich hört die Stimme einer Frau, er kennt die Stimme. Es ist die Barbara.

Die Stimme des Mannes kennt er nicht. Der Danner ist es auf keinen Fall, da ist sich Mich sicher. Was gesprochen wird? Mich hört zwar die Stimmen, das Gesprochene kann er jedoch nicht verstehen.

Er legt sich flach auf den Boden. Durch die Dielenbretter hindurch kann er hinunterschauen.

Aus dem Wortwechsel wird ein Streit. Die Stimmen werden lauter, die Frauenstimme hysterisch, schrill. Der Mann packt die Barbara am Hals, würgt sie. Alles geht blitzschnell.

Mich dreht für einen Augenblick seinen Kopf zur Seite. Versucht, aus einer anderen Position heraus besser sehen zu können.

Als er die beiden endlich wieder im Blickfeld hat, hält der Mann eine Spitzhacke über den Kopf. Schlägt damit auf Barbara ein, diese sackt lautlos in sich zusammen. Liegt am Boden. Besinnungslos schlägt der Angreifer weiter auf die wehrlos am Boden Liegende ein. Immer wieder holt er aus. Lässt erst nach einer ganzen Weile von ihr ab.

Mich liegt auf dem Zwischenboden, wagt nicht zu atmen, sich zu bewegen.

»Der hat die Tannöderin erschlagen!«, geht es ihm durch den Kopf. »Wie eine räudige Katze hat er sie erschlagen!«

Der Unbekannte beugt sich über den geschundenen Leib, hebt ihn an. Versucht den leblosen Körper von der Tür weg, ins Innere des Stadels zu schleifen. Weg vom Licht in die Finsternis.

Plötzlich Schritte, eine Stimme. Die alte Dannerin steht in der Tür. Mich hält den Atem an.

»Barbara, wo bist du? Bist du im Stadel?«

Noch ehe die Alte den Stadel richtig betreten hat, wird sie bereits von einem Schlag niedergestreckt.

I

Mich dreht sich auf den Rücken, kann das Grauen nicht fassen.

»Der bringt mich um, wenn er mich erwischt, der bringt mich auch um!« Tränen laufen über seine Wangen, er hat Todesangst. Er hält sich beide Hände vor sein Gesicht. Fest auf sein Gesicht gepresst. Versucht seinen Atem, der stoßweise aus ihm herausbricht, unter Kontrolle zu halten, anzuhalten. Die Augen geschlossen, liegt er da. Doch der Rasende unter ihm hört ihn nicht. Blind für alles in seinem Rausch, schlägt dieser zu, immer und immer wieder.

Wie lange er da liegt, Mich weiß es nicht. Einer nach dem anderen läuft derweil unter ihm dem Schlächter in die Hände. Zuerst der Danner, dann noch seine Enkeltochter. Alle laufen sie vom Licht ins Dunkel, noch ehe sie die Gefahr bemerken, auch nur erahnen, werden sie bereits niedergeschlagen.

Während sie schon am Boden liegen, lässt der Mörder nicht von seinen Opfern ab, wütet, rast.

Auf dem Rücken liegend, muss Mich die Tat nicht mit eigenen Augen sehen. Er hört nur, hört die Schritte der Opfer, ihr Rufen nach den Angehörigen, der Mutter. Hört die Schläge mit der Hacke, immer wieder diese Schläge.

Nach einer Ewigkeit tritt Stille ein. Totenstille.

Erst nach einer weiteren Unendlichkeit bemerkt Mich die Stille. Er robbt langsam, fast lautlos auf dem Bauch Richtung Stiege.

Unter ihm der Stadel ist leer. Der Täter muss durch den Stall weiter ins Wohnhaus eingedrungen sein.

Mich hat nur diese eine einzige Möglichkeit, ungesehen und mit dem Leben davonzukommen. Er holt Luft und läuft die Stiege hinab. Die Stiege, hinaus ins Freie.

Atemlos rennt er, rennt immer weiter. Seine Beine tragen ihn schon fast nicht mehr. Die kalte Nachtluft brennt in seinen Lungen. Bei jedem Atemzug brennt sie. Er rennt, bis er stürzt, auf dem nackten Boden liegen bleibt. Keuchend. Die Dunkelheit hat ihn umfangen. Er weiß nicht, wo er ist. Er hat die Orientierung verloren. Aus dem Haus ist er fortgelaufen, in wilder Panik. Immer weiter weg von dem Haus, dem Hof, dem Grauen.

Mit dem Gesicht zum Fenster sitzt er da. Der Blick leer in die Ferne gerichtet. So sitzt er auf seinem Bett in seinem Schlafzimmer, sieht ohne wahrzunehmen, den Blick nach innen, nicht nach außen gerichtet.

In seinem Rücken das Bett seiner Frau. Seit ihrem Tod vor drei Jahren ist es mit einem Leintuch zugedeckt. Er muss es nicht sehen und sieht es doch ständig. Einer Totenbahre gleich steht es im Raum. Mahnend. Tagaus, tagein. Er kann sogar den Geruch des Todes noch wahrnehmen. Süßlich zieht er immer noch seine Bahnen, in hauchfeinen Schwaden gleitet er durch den Raum. Seine Frau ist allgegenwärtig in diesem Raum. Übermächtig wie ihr nicht enden wollendes Siechen.

Vor sich sieht er die Bilder des Nachmittags, sein Gespräch mit Anna, seiner Schwägerin. So deutlich und klar steht sie vor ihm, wie sie vor zwei Stunden vor ihm gestanden ist. In den Stall zu ihm hinaus war sie gegangen. Mit ihm sprechen wollte sie, musste sie.

In ihrem Gesicht Ungläubigkeit und Trauer.

Gemeinsam sind sie zur Bank hinter dem Haus gegangen. Von dort kann man im Frühjahr den ganzen Obstgarten überblicken. Sieht die Bäume in voller Blüte. Sieht das Land sich selbst wieder gebären. Er liebt diesen Anblick, jedes Jahr freut er sich darauf.

Doch heute waren die Äste der Bäume noch kahl und tot vom vergangenen Winter. Neben ihn hat sie sich gesetzt. Stumm saßen sie da. In ihren Händen hatte sie ein Stück Stoff gehalten. Erst jetzt sah er es, erkannte er es. Ein Tuch rot vom Blut. Sein Tuch.

Das Tuch, an dem er sich die Hände abgewischt hatte. Die Schuld, die er auf sich geladen hatte, hatte er mit dem Tuch von seinen Händen wischen wollen, aber es klebte immer noch an ihm. Wegwerfen hat er das Tuch wollen, aber wohin hätte er es werfen sollen. So hat er es wider besseres Wissen, wider alle Vernunft behalten. Vielleicht, so geht es ihm durch den Kopf, hat er es nicht weggeworfen, damit sie es findet, damit er einem Menschen von seiner Schuld beichten konnte. Nicht alleine sein wollte er, nicht alleine mit seiner Tat.

Anna hat ihren Arm um ihn gelegt und nur gefragt: »Warum?« »Warum?«

Warum er in jener Nacht auf den Hof gegangen ist?

Er konnte es ihr nicht sagen. Er weiß es selbst nicht.

Sprechen wollte er mit der Barbara. Nur sprechen. An ihr Fenster hatte er sich nicht zu klopfen getraut. Zu oft hatte er bereits an ihr Fenster geklopft und sie hatte ihm nicht geöffnet, nicht mit ihm gesprochen. Dabei war er doch abhängig gewesen von jedem Wort, jeder Geste von ihr.

Ja, abhängig war er ihr, hörig. Unzählige Male ist er ums Haus geschlichen bei Tag und Nacht, nur sehen wollte er sie. Vor ihrem Fenster ist er gestanden. Zugesehen hat er, wie sie sich ausgezogen hat. So nah und doch unerreichbar.

Die Vorhänge nicht geschlossen, im erleuchteten Zimmer ist sie gestanden. Sehen sollte er sie und doch wissen, dass sie ihm nie gehören würde.

An dem Abend hatte er sich Mut angetrunken. Er wollte nicht noch mal abgewiesen werden. Deshalb war er in den Stadel eingedrungen. Vom Stadel aus konnte man leicht ins Haus gelangen. Das wusste er, vom Stadel durch den Futtergang im Stall hinüber in das Haus.

Sie sollte ihn nicht wieder abweisen können. Abweisen wie einen streunenden Hund. Dabei war doch der Alte der Hund, das Vieh, nicht er.

Sprechen wollte er mit der Barbara, sie überreden, zu ihm zurückzukehren. Mehr wollte er nicht. Nur reden.

Wie die Barbara dann vor ihm gestanden ist. Ihn ausgelacht hat, verhöhnt hat, er solle sich anschauen, im Spiegel solle er sich anschauen. Ihr Vater sei ihr tausendmal lieber gewesen als er, dieser nach Alkohol stinkende Waschlappen. Beschimpft hatte sie ihn, gedemütigt. Als er versuchte, sie an sich zu ziehen, hat sie sogar nach ihm geschlagen. Mit beiden Händen hat er da nach ihrem Hals gegriffen. Fest gepackt hat er sie am Hals und zugedrückt hat er. Mit seinen Händen hat er zugedrückt.

Diese Hände hält er jetzt vor sich, sieht sie an, Hände voller Schwielen von der schweren Arbeit, die sie ihr ganzes Leben lang verrichtet haben.

Er erzählt weiter, die ganze Geschichte muss er ihr erzählen. Beichten muss er. Nicht nur die Mordnacht, nein, alles muss er loswerden. Wie ein reißender Strom bricht es aus ihm heraus. Die Flut reißt ihn mit sich fort. Anna ist der rettende Ast, an ihn klammert er sich. Sie soll ihn retten vor den Fluten, retten vor dem Ertrinken. Von diesem Zwang befreien will er sich. Befreien von allem, was seit Jahren auf ihm liegt. Die Absolution soll sie ihm geben.

»Die Barbara, die war eine kräftige Frau, sie wehrte sich. Irgendwie konnte sie sich meinem Griff entwinden.«

Warum und woher er plötzlich die Hacke hatte, er kann es nicht sagen, weiß nicht mehr, wann er das erste Mal damit zugeschlagen hat.

Alles, was er sieht, ist die Barbara vor sich auf dem Boden liegend. Nicht mehr bewegt hat sie sich, nicht mehr gerührt.

Wegziehen wollte er sie, aus dem Licht weg ins Dunkel.

In diesem Augenblick steht die alte Dannerin in der Tür. »Ich wollte nicht, dass sie zu schreien anfängt.« Ohne Überlegung, ohne Zögern erschlug er auch sie.

Einen um den anderen erschlug er.

Wie im Rausch. In einem Rausch aus Blut, die Sinne vernebelt, nicht mehr Herr seiner Selbst. Nein, nicht er hat sie erschlagen, nicht er. Die »wilde Jagd«, die von ihm Besitz ergriffen hat. Der Dämon, der Verderber, er hat sie erschlagen, alle. Zugesehen hat er sich selbst, zugesehen, wie er sie alle erschlagen hat. Konnte nicht glauben, dass er zu so etwas fähig wäre, dass überhaupt ein Mensch zu so etwas fähig wäre.

Vom Stadel sei er hinüber ins Wohnhaus gegangen, keiner sollte überleben. Keiner. Alle wollte er sie töten.

Es war wie ein Zwang, eine innere Stimme, der er gehorchte. Hörig war er dieser Stimme, wie er der Barbara hörig gewesen war. Genauso maßlos in seinem Verlangen, sie alle zu töten, wie er zuvor in seinem Verlangen nach ihrem Körper gewesen war. Ja, die gleiche Gier hatte er empfunden, die gleiche Befriedigung gefunden.

Er wollte keinen zurücklassen, keinen.

Die neue Magd in ihrem Zimmer, beinahe hätte er sie übersehen. Hätte ihr das Leben geschenkt, er, der Herr über Leben und Tod, der er war in jener Nacht.

Als der Sturm vorüber war, versperrte er den Stadel und das Haus.

Erst da nahm er den Schlüssel mit. Den Schlüssel, mit dem die Haustür verriegelt war. Er brauchte ihn, wollte er wiederkommen und seine Spuren verwischen.

Seine Gedanken waren auf einmal ganz klar gewesen. So klar wie schon seit einer Ewigkeit nicht. Alles sah er vor sich, wusste plötzlich, was er machen musste.

Er würde kommen, das Vieh füttern und versorgen. Seine Spuren beseitigen.

Er hatte sich von einem Dämon befreit, von seinem Dämon.

Alles sollte nach einem Raubüberfall aussehen. Je mehr Zeit verging, desto besser war es für ihn. Er würde nicht in Verdacht geraten. Er hatte nichts getan.

Nur der kleine Josef ging ihm nicht aus dem Kopf, wie er in seinem Blut im Bett lag. Dieses Bild konnte er nicht vergessen. Warum er alle umgebracht hat?

»Warum bringt einer alle um? Warum tötet er, was er liebt? Anna, nur was man liebt, kann man auch töten.

Weißt du, Anna, was in den Köpfen der Menschen vor sich geht? Weißt du das? Kannst du in die Köpfe, in die Herzen schauen? Eingesperrt war ich doch mein ganzes Leben, eingesperrt.

Und auf einmal öffnet sich mir eine neue Welt, ein neues Leben. Weißt du, wie das ist?

Ich sage dir, jeder ist einsam sein ganzes Leben lang. Alleine ist er, wenn er zur Welt kommt, und alleine stirbt er. Und dazwischen, gefangen war ich in meinem Körper, gefangen in meinem Verlangen.

Ich sage dir, es gibt keinen Gott auf dieser Welt, es gibt nur die Hölle. Und sie ist hier auf Erden in unseren Köpfen, in unseren Herzen.

Der Dämon sitzt in jedem und jeder kann seinen Dämon jederzeit herauslassen.«

Stumm sind sie dagesessen.

Irgendwann ist er dann aufgestanden, in sein Schlafzimmer gegangen.

Er hat seine alte Pistole aus seinem Nachttisch genommen. Kalt und schwer liegt die Waffe nun in seiner Hand.

Alles ist von ihm abgefallen. Er sitzt nur da, ruhig sitzt er da.

Christus, höre uns,
Christus, erhöre uns!
Herr, erbarme Dich,
Christus, erbarme Dich!
Herr, erbarme Dich unser,
Christus, erbarme Dich unser!
Herr, erhöre mein Gebet,
und lass mein Rufen zu Dir kommen!
Amen!